Tinnon Koroma

Le gouvernorat de Gabriel-Louis Angoulvant en Côte d'Ivoire:
1908-1916

Tinnon Koroma

Le gouvernorat de Gabriel-Louis Angoulvant en Côte d'Ivoire: 1908-1916

Contribution à l'histoire coloniale de la Côte d'Ivoire

Presses Académiques Francophones

Impressum / Mentions légales
Bibliografische Information der Deutschen Nationalbibliothek: Die Deutsche Nationalbibliothek verzeichnet diese Publikation in der Deutschen Nationalbibliografie; detaillierte bibliografische Daten sind im Internet über http://dnb.d-nb.de abrufbar.
Alle in diesem Buch genannten Marken und Produktnamen unterliegen warenzeichen-, marken- oder patentrechtlichem Schutz bzw. sind Warenzeichen oder eingetragene Warenzeichen der jeweiligen Inhaber. Die Wiedergabe von Marken, Produktnamen, Gebrauchsnamen, Handelsnamen, Warenbezeichnungen u.s.w. in diesem Werk berechtigt auch ohne besondere Kennzeichnung nicht zu der Annahme, dass solche Namen im Sinne der Warenzeichen- und Markenschutzgesetzgebung als frei zu betrachten wären und daher von jedermann benutzt werden dürften.

Information bibliographique publiée par la Deutsche Nationalbibliothek: La Deutsche Nationalbibliothek inscrit cette publication à la Deutsche Nationalbibliografie; des données bibliographiques détaillées sont disponibles sur internet à l'adresse http://dnb.d-nb.de.
Toutes marques et noms de produits mentionnés dans ce livre demeurent sous la protection des marques, des marques déposées et des brevets, et sont des marques ou des marques déposées de leurs détenteurs respectifs. L'utilisation des marques, noms de produits, noms communs, noms commerciaux, descriptions de produits, etc, même sans qu'ils soient mentionnés de façon particulière dans ce livre ne signifie en aucune façon que ces noms peuvent être utilisés sans restriction à l'égard de la législation pour la protection des marques et des marques déposées et pourraient donc être utilisés par quiconque.

Coverbild / Photo de couverture: www.ingimage.com

Verlag / Editeur:
Presses Académiques Francophones
ist ein Imprint der / est une marque déposée de
OmniScriptum GmbH & Co. KG
Bahnhofstraße 28, 66111 Saarbrücken, Deutschland / Allemagne
Email: info@presses-academiques.com

Herstellung: siehe letzte Seite /
Impression: voir la dernière page
ISBN: 978-3-8416-3772-7

Copyright / Droit d'auteur © 2015 OmniScriptum GmbH & Co. KG
Alle Rechte vorbehalten. / Tous droits réservés. Saarbrücken 2015

INTRODUCTION

La Côte d'Ivoire est une colonie de l'Afrique occidentale française. Elle fut créée le 10 mars 1893. Dès lors se succèdent à sa tête plusieurs gouverneurs parmi lesquels figurent Gabriel Louis Angoulvant.

L'étude de la question du « gouvernorat d'Angoulvant en Côte d'Ivoire de 1908 à 1916 » est un choix qui relève du domaine de la colonisation. Des raisons subjectives d'une part, objectives de l'autre, sous-tendent cette option.

La raison subjective est liée aux enseignements que nous recevons de la colonisation en général. En effet depuis nos grands-parents, contemporains de la colonisation, en passant par les lycées, les connaissances livres que jusqu'aujourd'hui où nous nous retrouvons au département d'Histoire de l'Université de Cocody, tous les arguments s'accordent à dire que l'ère coloniale a eu des incidences sur la société traditionnelle ivoirienne dans son ensemble. La colonisation aurait été très fatale pour les Ivoiriens. Elle est marquée par la violence, l'oppression, les épreuves les plus rudes qu'aient connu les Ivoiriens. Angoulvant en particulier est par excellence le père de la politique de conquête par la manière violente en Côte d'Ivoire. Son gouvernorat est interprété comme l'étape la plus sombre de la mise en valeur de la colonie. Toutes ces images ont contribué à susciter en nous le sentiment de découvrir les souffrances endurées par nos parents.

Quant aux raisons objectives, elles confortent les premières et traduisent de notre part, l'humble désir de fournir à l'historiographie africaine en général, ivoirienne en particulier, notre pièce de contribution. En effet, depuis notre arrivée au département d'Histoire nous avons exploré plusieurs travaux de recherche dans toutes les branches de l'Histoire. Si dans le domaine de la colonisation, des travaux de recherche ont été élaborés sur le gouvernorat de Binger, le gouvernorat de Reste, le gouvernorat de Clozel pour ne citer que ceux-là, il n'cependant encore pas été le cas pour le gouvernorat d'Angoulvant. Nous pensons que l'heure est venue pour nous d'évoquer cette tranche de l'histoire de notre pays.

La colonie qui échoit à Angoulvant est limitée au nord par le décret du 17 octobre 1899 disloquant l'ancien Soudan français. A l'Est, elle est limitée par le Ghana en vertu des conventions franco-anglaises du 14 juin 1898. A l'Ouest, elle est limitée par le Libéria par la convention du 8 décembre 1 892. Au sud l'"océan Atlantique baigne ses rivages dont le développement atteint environ cent kilomètres[1].

La nomination d'Angoulvant découle d'une situation. En effet depuis 1893 Binger participait à une interprétation idéaliste du phénomène colonial ; il s'efforce de fonder son action sur le rejet de la violence et de la conquête militaire. Il préconise, dès 1893, le recours patient à la négociation et au compromis, sans aller néanmoins jusqu'à l'idée de pression et de la persuasion. Ses successeurs s'inspirent plus ou moins de ses idées.

Ponctuée d'épreuves de force des avant la fin du XIXème siècle, cette période ne fut, en fait qu'une suite d'actions au coup par coup et d'opérations de police. En dehors de l'unique campagne militaire lancée contre Almamy Samory Touré, défait en 1898, les fréquences des entreprises de répression, en réponse à une série d'agitations et de soulèvements, témoigne d'une situation qui se détériore. Au fur et à mesure que se font ressentir les premiers effets de l'œuvre colonisatrice de la France et les entorses à la colonisation pacifique, les populations commencent à réagir. L'accroissement régulier au cours des ans, du poids de l'administration coloniale provoque des mouvements de résistances de la part des autochtones. De nombreux foyers de contestations s'allument.

En 1907, on pouvait dire que la situation de la France en Côte d'Ivoire était précaire. La maigreur du bilan de quinze années de pénétration pacifique est l'image d'une colonie dont l'espace reste à maîtriser.

Même si l'appareil administratif et les premières réalisations dans le domaine de l'infrastructure économique sont présents, la réalité politique se révèle bien différente : un découpage territorial très imprécis et un espace exiguë à peu près soumis à l'autorité française. Les Français se heurtaient à une mosaïque d'ethnies et de chefferies indépendantes dont l'habitat forestier était des plus difficiles à

---

[1] J.V. ZINSOU, *L'administration française en Côte d'Ivoire, 1892-1922*, Provence, 1973, 448p., p1

pénétrer à fortiori à occuper à demeure sans moyens importants.

Bref, la période allant de 1893 à 1907 a affiché pas mal d'insuffisances. Au plan territorial, en dehors des seuls Cercles de Grand Bassam, Assinie, Kong, Bondoukou, Korhogo, tout le reste du pays reste insoumis. Aussi, lors des affrontements, la France perd de nombreux soldats. Elle compte beaucoup de blessés.

Il fallait une rupture sur un double plan doctrinal et stratégique puis la substitution d'une politique virile. Mieux, il était temps, grand temps d'anéantir par l'usage de la force tous les foyers de résistance afin de soumettre la population ivoirienne, dans toute sa totalité, sous la domination française. Ainsi, par voie de conséquence, cela allait aboutir à un maintien irréversible sur les ressources économiques et financières.

C'est ce souci de conquête totale qui a conduit la France à la nomination de Gabriel-Louis Angoulvant (photo n°1) comme lieutenant-gouverneur de la Côte d'Ivoire dès le 18 février 1908. Il restera à la tête de la colonie jusqu'en 1916, date à laquelle il est nommé gouverneur général de l'A.O.F[2]. Selon Angoulvant, un principe unique et absolu, le recours systématique et rationnel de la force doit sous-tendre cette politique. L'application stricte de cette idée rencontre une adhésion unanime chez les commerçants européens désireux de pénétrer dans l'hinterland et d'y renforcer leur position économique.

---

[2] D.DOMERGUE, «Un gouverneur pas comme les autres : Gabriel Angoulvant. », *In Annales de l'université d'Abidjan*, pp231 à 234

Photo 1 : Le Lieutenant-gouverneur Angoulvant

Source : G.CANGAH et S.P EKANZA, *La Côte d'Ivoire par les textes de l'aube à la colonisation à nos jours*, Abidjan, NEA, 1978, 237, p.93

La notion de gouvernorat renvoie à l'idée de gestion administrative d'un gouverneur. Cette gestion se faisait pendant une période bien précise avec une mission bien précise. La mission d'Angoulvant était de renforcer la présence française dans les zones déjà sous contrôle français et d'achever la politique de soumission du reste de la colonie.

La colonisation est un phénomène notoire. Elle est connue du grand public, même si elle ne fait pas l'objet de propagande médiatique. Les écrits sur le cas de la Côte d'Ivoire sont nombreux. Certains tendent à inclure la gestion de la colonie ivoirienne à celle de l'AOF. Quant à la période de gestion d'Angoulvant, elle a été l'objet de littérature sous diverses formes. Plusieurs travaux ont planché sur la question en vue d'en évoquer quelques aspects.

En effet. Domergue Dominique[3] tout en évoquant quelques aspects professionnels d'Angoulvant, insiste sur la violence qui a accompagné son action.

Une seconde réflexion est celle de Kipré Pierre[4] qui après avoir présenté brièvement faction d'Angoulvant, finit par conclure que c'est la période la plus porteuse de changement. En outre nous avons Anouma René Pierre[5] qui fait cas lui aussi de l'impact de l'action d'Angoulvant. Il indique que cette conception « égoïste et imprudente » qu'a Angoulvant de la colonisation explique en définitive la faiblesse de la mise en valeur de la colonie opérée par elle-même axant la première guerre mondiale. Enfin nous avons l'ouvrage de Loucou Jean Noel[6] qui présente les différentes phases de conquête de la Côte d'Ivoire par la France. Il indique que malgré l'échec des résistances, elles ont contribué à la prise de conscience d'une situation commune, à la défense de la liberté et de l'indépendance, à la reconnaissance d'une spécificité culturelle.

Tous ces travaux qui précèdent le nôtre apparaissent clairement comme des articles, donc des analyses qui ne peuvent que présenter les actions d'Angoulvant de

---

[3] D. DOMERGUE, *Art. cit.*, pp.231-241
[4] P. KIPRE, (S/D), *Mémorial de la Côte d'Ivoire coloniale*.tome 1,Abidjan, NEA,1987,257p., pp43-67
[5] R.P.ANOUMA,*Aux origines de la nation ivoirienne 1893-1946*. Volume 1 ,Paris, l'harmattan, 2005,283p.
[6] J.N.LOUCOU, *Côte d'Ivoire: les résistances à la conquête coloniale*,Abidjan,les éditions du CERAP.2007,149p.

manière succincte. Nous pensons que le caractère exceptionnel et la durée de huit ans de gouvernorat ne sauraient se résumer en quelques Signes. Voilà pourquoi, nous avons choisi d'en faire une analyse un peu plus approfondie et élargie pour rendre suffisamment compte de ce sujet.

Pour effectuer ce travail, nous avons eu recours à des sources et à une bibliographie. Les sources concernent les sources d'archives et les sources imprimées. Les répertoires des archives nationales de Côte d'Ivoire (ANCI) nous ont fourni des séries et des dossiers qui nous été très utiles. Ce sont :

BB : Correspondances

EE : Politique générale

FF : Police et prison

QQ : Commerce

D : Affaires militaires.

NN : Affaires militaires

La seule source imprimée est l'ouvrage écrit par Angoulvant[7]. C'est un récit dans lequel il a expliqué, de manière très détaillée, la politique qu'il a suivie en Côte d'Ivoire.

Comme instrument de travail, nous avons par exemple l'ouvrage de Loucou Jean Noel[8] où nous avons découvert des références d'ouvrages nécessaires à notre étude.

L'ouvrage général qui sera pris en exemple est celui de Amon d'aby (F.J.)[9] qui traite de l'évolution de la colonisation en Côte d'Ivoire. L'ouvrage de Desalmand Paul[10] est quant à lui l'illustration parfaite d'un ouvrage spécialisé. Là il nous retrace l'évolution de l'enseignement en Côte d'Ivoire depuis la création de la première école jusqu'en 1944.

La quête de ces documents nous a conduits dans des bibliothèques dont

---

[7] G.L. ANGOULVANT, *La pacification de la Côte d'Ivoire 1908-1916. Méthodes et résultats*, Paris, Larose 1916, 395p.
[8] J.N. LOUCOU, *Bibliographie de la Côte d'Ivoire*. Abidjan, Département d'Histoire. 1982, 193p.
[9] FJ. AMON D'ABY, *La Cote d'Ivoire dans la cité africaine*. Paris, Larose, 1951, 206p.
[10] P. DESALMAND, *Histoire de l'éducation en Côte d'Ivoire des origines à la conférence de Brazzaville*, Abidjan, NEA, 1944, 459P.

nous voulons ici remercier le personnel. Il s'agit:
- des bibliothèques universitaires
- du centre de documentation de l'institut pour la Recherche et de développement(I.R.D)

Cependant il nous parait nécessaire de souligner les difficultés que nous avons rencontrées lors de nos investigations.

Cela se situe au niveau des archives, lieu de sources. Biles souffrent d'une mauvaise utilisation des pièces. Certains agents, n'ayant pas pris la peine de bien garder les pièces, il s'en ait suivi un désordre, si bien que des pièces sont introuvables.

Si des informations aux archives sont quelques fois disponibles, force est de reconnaître le style hermétique qui les accompagne car elles sont souvent sous formes télégraphiques. A cela s'ajoute la dégradation des pièces disponibles. Elles souffrent des effets de la rouille et de l'humidité qui rongent certaines parties indispensables à la compréhension de l'information. Tous ces éléments rendent les sources difficilement exploitables.

Malgré cela nous avons confronté les informations afin de déterminer celle qui nous paraît la plus juste.

Nous avons rencontré des tableaux statistiques. De ces tableaux nous axons déduit des courbes pour mieux visualiser l'évolution des situations.

Etudier le gouvernorat d'Angoulvant en Côte d'Ivoire revient à définir son rôle historique dans la constitution et la mise en valeur de cette colonie. Cela passe nécessairement par l'étude des actes posés et leurs conséquences.

Par ailleurs. L'absence d'événements majeurs pouvant constituer des bornes au sein de la période d'Angoulvant impose à notre étude une démarche thématique. Cependant, il n'est pas à exclure que certains points de la réflexion suivent une démarche chronologique.

C'est pour tout dire une étude où s'entremêlent les démarches thématique et chronologique. Tout ce qui précède nous permet de structurer ce travail en trois grands ensembles.

La première partie qui s'intitule le contexte de la nomination d'Angoulvant évoque la vocation coloniale d'Angoulvant. Ensuite elle explique L'état de la colonie et le changement de la politique coloniale française à l'arrivée d'Angoulvant.

La deuxième partie a pour titre l'action d'Angoulvant de 1908 à 1916. Dans cette partie, nous tenons à montrer les stratégies d'Angoulvant dans la conquête politique et militaire. Ensuite il y sera question des résistances qui se sont opposées à son action et de leur liquidation. Cette partie s'achève par l'action économique.

La troisième partie est consacrée au résultat de l'action d'Angoulvant, Nous dresserons successivement les bilans politique, économique et social.

Première partie : LE CONTEXTE DE LA NOMINATION D'ANGOULVANT

Au bout de quinze années de conquête, la Métropole avait réalisé qu'il fallait changer de méthode. C'est dans ce cadre qu'Angoulvant fut nommé en 1908 comme lieutenant-gouverneur de la Côte d'Ivoire.

Cette première partie qui est consacrée au contexte de la nomination d'Angoulvant se subdivise en deux chapitres. Le premier évoque la vocation coloniale d'Angoulvant. En effet, sorti de l'école coloniale comme major de sa promotion en 1894, il exerça plusieurs années de fonctions auxquelles s'ajoutait sa philosophie d'apprivoiser le Noir par tous les moyens. Il était ainsi appelé à agir au nom de la France.

Le second chapitre traite de l'état de la colonie et la rupture de la politique de conquête avec Angoulvant. Cette nouvelle politique française accordait une priorité particulière à la violence et tous les moyens qui l'accompagnent comme méthode de conquête. Cela s'avérait nécessaire en raison de la maigreur dont était affecté le bilan politique et économique des prédécesseurs d'Angoulvant.

CHAPITRE I : ANGOULVANT, UNE VOCATION COLONIALE

Ce chapitre évoque l'identité d'Angoulvant et sa théorie. Après avoir reçu une brillante formation à l'école coloniale, il occupa plusieurs fonctions dans d'autres pays avant de devenir gouverneur de la Côte d'Ivoire. Sa théorie qu'il évoque dans ses publications est fondée sur la violence et une image déshumanisante de l'Homme noir.

I. LA FORMATION D'ANGOULVANT

Nous évoquerons sa formation et sa carrière professionnelle.

1- LE BRILLANT ELEVE DE L'ECOLE COLONIALE

Angoulvant est né le 8 Février 1872 à Long Jumeau (Seine et Oise) en France. Il fit des études secondaires au lycée Lakanal à Sceaux, puis entre à l'école Coloniale[11]. Il fit partie de la 3ème promotion de cette école et parallèlement il suivait des cours d'annamites et de chinois à l'école des langues orientales. En 1894, il sortit major de sa promotion dans la section indochinoise. A cette époque, la première auréolée des prestiges de l'Orient était très conicité. Les majors la choisissaient de préférence. Angoulvant ne faillit pas à cette règle. Par conséquent, rien au départ ne le destinait à l'Afrique. L'ère d'une carrière professionnelle s'ouvrait à lui.

2- UNE EXPERIENCE PROFESSIONNELLE REMARQUABLE

Il commença sa carrière en Asie comme chancelier stagiaire à Armani et au Tonkin. L'année suivante (1895), il est nommé à la résidence de Hai duong.
Ayant été compromis dans une affaire, il est nommé sur sa demande élève interprète chargé des fonctions d'interprète chancelier au consulat de France à Montez en Chine. Il remplit sa mission avec succès au point que le 23 juin 1899, il est nommé sous-chef de cabinet du ministre des colonies Decraix. Il y restera jusqu'en 1900. Entre temps, le 07 octobre 1899, il est nommé vice consul et mis en disponibilité. Le 14 octobre, le ministre des colonies le nomme Secrétaire général du Protectorat de la côte française des Somalis. Il rejoint Djibouti en Janvier 1900. Il

---

[11] Dans le souci d'uniformiser le recrutement des administrateurs coloniaux fut créé en 1885 à l'école coloniale. Son organisation administrative et financière ainsique son fonctionnement ont été fixés par la loi des finances du 17 juillet 1889. Cf S. M'BAYE, *Histoire des institutions coloniales françaises en Afrique de l'Ouest* (1816-1960), Dakar, 1991, 339p, p20

y assure l'intérim du gouverneur pendant neuf mois et reçoit à ce titre un témoignage officiel de satisfaction. En 1901, des interventions parlementaires sont faites pour qu'il obtienne un nouveau poste. Ainsi le 21 juillet 1901, il est nommé Secrétaire général du Congo. Ce sont ses premiers pas dans la carrière africaine.

En 1902, il devient commissaire général du gouverneur par intérim du Congo. En septembre 1904, au cours de ses congés en France, il est nommé Secrétaire général de la Martinique, mais il ne rejoindra jamais ce poste. De janvier à mars 1905, on le retrouve comme chef adjoint au cabinet du ministre du commerce. Il essaya de devenir gouverneur et plusieurs interventions parlementaires se feront dans ce sens. Elles finissent par aboutir, puisqu'il est nommé gouverneur de troisième classe des îles Saint Pierre et Miquelon le 19 Avril 1905. Angoulvant, peu satisfait de ce poste, profite de ses congés de Mai à septembre 1906 pour obtenir par de nouvelles interventions parlementaires, une autre affectation. En Août 1906, il est nommé gouverneur des établissements français de l'Inde. Son séjour y est de courte durée. Une plainte de M. Bayoud provoque son rappel en mission à paris le 3 décembre 1907. Il intrigue pour obtenir un nouveau poste .A partir de ce moment, sa carrière se déroule sur le plan africain. En effet, le 18 février 1908, il est nommé lieutenant-gouverneur de la Côte d'Ivoire. Il rejoint son poste le 25 avril 1908.

Dès le mois suivant il commença à diriger la colonie jusqu'en juin 1916. A cette date il est nommé gouverneur général de l'AOF par intérim pendant l'absence de Clozel. En mai 1917, il est nommé gouverneur Général de l'A.E.F. Mais en 1918, par suites de conditions dues à la guerre et du décès du récent gouverneur Général Van Wollenhoven, il cumulera les fonctions de gouverneur général de l'AOF et de l'AEF. A partir de ce moment il cherchera à rester gouverneur général de l'A.O.F, quitte à lâcher l'A.E.F. Il n'y parvient pas. Il est finalement admis à faire valoir ses droits à la retraite à partir du 31 décembre 1920. En 1924 il réussit à être député des établissements français de l'Inde mais on peut dire que sa carrière administrative est terminée. Dès lors, il se lance dans les affaires et meurt le 16 octobre 1932 à Paris.

Pour bien accomplir sa mission, Angoulvant avait une théorie.
II. LA THEORIE D'ANGOULVANT

La soumission des populations par la violence était l'idée maîtresse de la théorie d'Angoulvant.

1- LES PUBLICATIONS D'ANGOULVANT

Comme ouvrage, Angoulvant a à son actif un seul à savoir : *La pacification de la Côte d'Ivoire 1908-1915, Méthodes et résultat,* Paris, Larose, 1916, 395p.

C'est un ouvrage qui relate dans les détails les plus profonds, les événements qui ont marqué l'action d'Angoulvant en Côte d'Ivoire. C'est ce qu'il explique dès l'avant-propos : « ce livre, je l'ai, en quelque sorte, écrit au jour le jour, tandis que se déroulaient les événements qu'il s'efforce d'exposer avec impartialité et précision.» il y présente aussi le résultat de son action :« Mais je n'entendais le faire paraître qu'à l'heure où les résultats qu'il enregistrait auraient subi l'épreuve du temps ou des circonstances et pourraient être affirmés. »

Au total, sur huit chapitres il en consacra un à la critique de ses prédécesseurs et les sept autres à la présentation de son action et des résultats qu'elle a engendrés.

2- LA CONQUETE COLONIALE PAR LA MANIERE FORTE : UNE CONVICTION

Largement exposée dès 1908 et reprise plus tard dans son ouvrage sur *La pacification de la Côte d'Ivoire* (1916), la politique de la « manière forte» préconisée par Angoulvant empruntait aux idées d'autres coloniaux et correspondait à la situation de la colonie.

Les idées de conquête violente, de réorganisation administrative, de politique indigène[12] sont préconisées par Joseph Gallieni qui les avait appliquées

---

[12] Par arrêté du 14 décembre 1908, la réorganisation administrative visait la suppression de certains postes tout en créant de nouveaux postes permanents ou provisoires. Quant à la politique indigène, elle consistait à faire accepter l'autorité française, à regrouper les villages et à utiliser les chefs indigènes, comme auxiliaires de l'administration coloniale.

à Madagascar[13] ; mais aussi par l'inspecteur des colonies Maurice-Pierre de Lapalud qui effectue une mission d'inspection en Côte d'Ivoire de novembre 1907 à mai 1908, et qui lui aussi, condamne la méthode de pénétration pacifique. Angoulvant décide de mener à bien la conquête de sa nouvelle colonie selon cinq principes fondamentaux : la conquête militaire accompagnée d'une occupation du terrain et suivie d'un désarmement intégral des populations, la prestation et l'internement des principaux meneurs, le paiement de l'impôt décapitation et des amendes de guerre, l'imposition du portage et des prestations aux populations, le regroupement des populations en village et la destruction des campements[14]. En d'autres termes, l'action de conquête doit être méthodique et globale. Elle doit pour cela être militaire et administrative à l'échelle d'un ensemble de régions et non par secteur. Aussi aucun peuple ne doit y échapper à condition d'être effectivement soumis à l'autorité française. C'était la politique du recours systématique à l'emploi de la force pour imposer la présence française et conduire l'administration de la colonie. C'est vraiment la « manière forte» à l'opposé de la «pénétration pacifique» L'Emploi de la force peut cependant recouvrir diverses formes : actions militaires; internement préventifs de chefs jugés hostiles ou peu surs; désarmement obligatoire des populations; amendes et sanctions lourdes ; déplacement de communautés villageoises pour les hameaux ou de villages trop petits pour être surveillés par les troupes françaises[15]. Pour mieux comprendre cette politique il faut isoler la zone hostile de celle jugée soumise en 1908. La première est l'espace où doit s'appliquer la manière forte avec principalement une administration militaire chargée de « réprimer, pacifier, pénétrer, explorer » toute la zone.

La seconde sous administration civile, se voit appliquer le régime de

---

[13] La situation était dramatique à Madagascar. Le gouvernement fit appel au Général Joseph Gelliéni (préfacier de l'ouvrage d'Angoulvant), lui confiant tous les pouvoirs civils et militaires. En 1896, dès son arrivée il fit fusiller un prince et un ministre mais conserva d'abord la reine. Le 28 février 1887 il proclame l'abolition de la royauté et l'annexion pure et simple de Madagascar. La politique menée par ce dernier à Madagascar et baptisée « la politique de la tâche d'huile » va servir de modèle à Angoulvant.
[14] D. DOMERGUE, *La Côte d'Ivoire de 1912 à 1920. Influence de la première guerre mondiale sur l'évolution politique, économique et sociale*, Toulouse, Université de Toulouse, 1974, vol.1, 627p, p.89.
[15] P. KIPRE, *Op.cit.*, pp. 44-45

l'administration directe. Une région ne passe à l'administration civile que lorsque l'administration militaire estime en avoir éliminé tous les ferments d'hostilité contre la France et qu'elle la juge apte à avoir une administration civile normale. Les changements de divisions administratives auxquels procède Angoulvant à partir de 1908, avec l'approbation du gouverneur général William Ponty[16], ne seront que le reflet de cette révolution de la conquête. Partisan convaincu de la manière forte les militaires trouveront toujours en Angoulvant un soutien. Ce dernier estimait que c'était à eux que devait revenir dans un premier temps le pouvoir[17]. Angoulvant se faisait une image déshumanisante de l'homme noir.

3- UNE IMAGE DESHUMANISANTE DE L'HOMME NOIR.

Les mots ne manquent pas pour démontrer qu'Angoulvant se faisait une image très déshumanisante de l'homme noir en général et de l'Ivoirien en particulier. Pour cela il rejoint William Ponty. En effet, dans un discours au conseil de gouvernement le 21 juin 1909, William Ponty déclare: « (...) Le pays est généralement habité par des tribus primitives et rudes, superstitieusement hostiles à l'étranger (...) qui marque l'intention de s'installer chez elles. »[18] La perception des populations ivoiriennes justifie le recours à la force. Pour lui, « Elles sont d'une sauvagerie complète, en guerre les unes avec les autres terrorisées par les féticheurs »[19] Angoulvant ira même plus loin. Il affuble l'Ivoirien d'une quantité impressionnante de défauts lui déniant même toute idée de réflexion. Tel un animal qu'il faut selon lui« l'apprivoiser». C'est une véritable façon de considérer négativement le colonisé. Il ajoute à propos de sa méthode qu'elle offre l'avantage de provoquer « cet attachement fait de respect et de crainte témoigné par les être primitifs à ceux qui sont forts »[20]. Ce qu'est le colonisé importe peu, c'est ce qu'il deviendra qui l'intéresse. Le but d'Angoulvant était donc de transformer les

---

[16] Merleau William Ponty est le théoricien de l'administration directe dans les colonies françaises d'Afrique noire. Selon lui « la politique dites des races » n'a de sens que dans la mesure où les populations n'offrent aucune résistance à l'administration française. On lui doit l'envoi en 1908 de la colonne Metz forte de 640 soldats bien armés et son appui constant aux thèses d'Angoulvant.
[17] D. DOMERGUE, *Art.cit.*, p.236
[18] P. KIPRE, *Op.cit.*, p44
[19] Idem, *Côte d'Ivoire .La. formation d'un peuple*, Fontenay-Sous-Bois, SidesIMA, 2005, 292p., p. 111
[20] G .L. ANGOULVANT, *Op.cit.*, pp.24- 34

mentalités.

En somme, tout revient à dire qu'aux yeux d'Angoulvant l'Ivoirien ne remplit pas du tout les valeurs requises pour être un être humain .C'est une bête à laquelle il faut apporter des caractères humains.

Mais quel était l'état de la colonie à l'arrivée d'Angoulvant ?

CHAPITRE II : L'ETAT DE LA COLONIE ET LA RUPTURE POLITIQUE DE CONQUETE AVEC ANGOULVANT

La période de la méthode pacifique s'est caractérisée par la signature des traités et un recours très faible aux armes. Elle a présenté des résultats peu satisfaisants. Cet état des lieux a donc joué un rôle très déterminant dans la nouvelle orientation de la politique de conquête.

I. LA METHODE PACIFIQUE DE BINGER A NEBOUT : QUEL BILAN ?

Plusieurs politiques ont été mises en œuvre durant cette période. Cependant elle présente un bilan très maigre.

1. LES METHODES DE LA CONQUETE PACIFIQUE

Elles se matérialisent par les traités et les coutumes d'une part ; un usage très limité de la force d'autre part.

1.1 Les traités et les coutumes

La politique des prédécesseurs d'Angoulvant était basée dans un premier temps sur la signature des traités. En 1906, Clozel déclarait qu'il s'agit en effet d'amener les populations à accepter la présence française par la persuasion, la palabre, plus que par le coup de feu. Il s'agit de multiplier les études sur les coutumes, les potentialités des régions pour mieux conduire la politique d'approvisionnement de populations réfractaires. On doit faire l'économie des guerres coloniales longues, coûteuses et sans résultats durables.

Les traités signés avec les chefs indigènes étaient pour eux synonymes d'obtention des territoires dirigés par ces chefs. Après l'obtention du territoire, les traités incluaient l'abandon des africains à l'autorité française. C'est pourquoi « la souveraineté pleine et entière du pays de Dabou, […], et des territoires qui en dépendent est concédée à la république française. »[21] C'était la voie pacifique qui consistait à négocier avec le chef qui refusait de se soumettre et de le convaincre du bien-fondé de l'action coloniale. Il pourrait recevoir en échange des coutumes. La coutume était une redevance annuelle accordée aux chefs par les européens qui commerçaient dans la région. C'était une forme de gratification ou indemnité pour l'occupation de leur terre. Elle variait selon les exigences des chefs. D'une manière générale, elles étaient composées des pièces d'étoffes assorties, barils de poudre, fusils à un coup, sacs de tabac, pièces d'eau de vie, chapeau, glace, caisses de liqueur, verroterie, parasols[22].

C'était donc une voie de négociation et de collaboration dont les circonstances laissent à désirer. En effet, dans leur situation d'illettrés, les chefs africains signaient les traités dont ils ne maîtrisaient pas la substance. Ils n'étaient pas conscients de l'ampleur de ces traités. Rien qu'à partir de ces détails nous pouvons affirmer que les français abusaient de l'ignorance des chefs africains.

Signés entre responsables politiques africains et émissaires européens, ces textes sont généralement ratifiés ultérieurement dans les métropoles. Mais leur statut est plus qu'ambiguë. Traités d'alliance ou d'amitiés pour les Africains, ils sont présentés en Europe comme traités de protectorat par lesquels les Africains abandonnent tout ou partie de leur souveraineté. C'est la principale limite de la négociation. Souvent obtenus dans des conditions suspectes, voire frauduleuses, ces accords ont rarement leur valeur légale souhaitable[23]. Ajoutons à cela la très mauvaise qualité et l'irrégularité des coutumes.

En cas d'obstacles à la négociation, les gouverneurs de la période pacifique avaient un léger recours à l'option militaire.

---

[21] F.J.AMON D'ABY, *La Côte d'Ivoire dans la cité africaine*, Paris, larose, 1951, 206p, p179
[22] F.J.AMON D'ABY, *Op.cit*, p179
[23] A. HUGON. *Introduction à l'histoire contemporaine*, Paris, A. Colin, 1998, 96p., p.16

1.2 L'option militaire : Un moyen rare

L'échec des négociations conduisait parfois à la voie violence. Cette dernière visait à soumettre de force les chefs dissidents. C'était un moyen rare car ces administrateurs pensent que la colonie doit se contenter du « coup par coup ». Ce qui signifie que la répression d'actes hostiles doit être vive mais limitée dans la région ; elle doit servir d'exemple et décourager les autres populations[24]. Cela impliquait le recourt aux armes et aux troupes. Les troupes étaient essentiellement constituées de miliciens formés par les tirailleurs sénégalais[25]. Il n'existait pas d'armée permanente prompte à agir en cas de soulèvements ou d'insoumission. L'armement était constitué de fusils à tir rapide, de fusils à poudre, de pistolets et de canons. A l'issue d'une action militaire, deux types de sanctions existaient.

Ces sanctions concernent les pénalités économiques et les déportations. Un chef qui se soumettait après la guerre sans mener une trop grande résistance, se voyait infliger des peines d'amende à payer à condition d'abandonner ces actes d'instabilité. C'était le cas pour les chefs des villages de Broubrou et d'Ahouacré de qui Binger voulait exiger des indemnités pour avoir fourni des renseignements à Tiassalé qui était en guerre contre les français[26].

Lorsque les chefs étaient très influents et refusaient de se soumettre après leur défaite militaire, il leur était prévu la déportation dès que retrouvés. En effet cette déportation permettait d'apaiser les tensions dans la mesure où celui pour qui on se battait, n'y était plus. Il ne pouvait non plus inciter sa population au soulèvement, ni commettre des sévices sur ceux de ses habitants qu'il jugeait acquis à la cause française, car il n'était plus en contact avec eux. Ce fut le cas d'Amangoua de l'Akapless, de Kassi Dihié de l'Indénié Chef d'Amélékia. Ils furent déportés en 1895 au Gabon. Nous avons également l'exemple des chefs Guassy et Guessa de

---

[24] P. KIPRE S/D., *Op.cit.*, P43
[25] Les régiments des Tirailleurs Sénégalais (RTS) tirent leur nom d'une compagnie créée au Sénégal enen 123. Maisbientôty seront incorporés des hommes de toute origine ethnique et régionale.
[26] ANC : 1DD36.MissionMarchand correspondance et rapport au gouverneur de Cote d'Ivoire 1893-1894 Correspondance du gouvernement de Grand-Bassani le 20 juin 1893 à POBEGUIN administrateur de la région de Grand-Lahou en mission à Tiassalé

Grand Lahou[27] qui refusait leur soumission et encourageaient les soulèvements contre la France. Ils furent aussi déportés mais plutôt à Grand-Bassam. Cela favorisait, selon Binger, un apaisement dans la région.

Comment se présente le bilan de cette période ?

2. UN BILAN MITIGE

Ni l'occupation territoriale, ni la mise en valeur de la colonie n'étaient satisfaisantes

---
[27] Ibidem

2.1 Une occupation territoriale encore précaire[28]

Carte 1 : Situation politique de la Côte d'Ivoire au 1er mai 1908

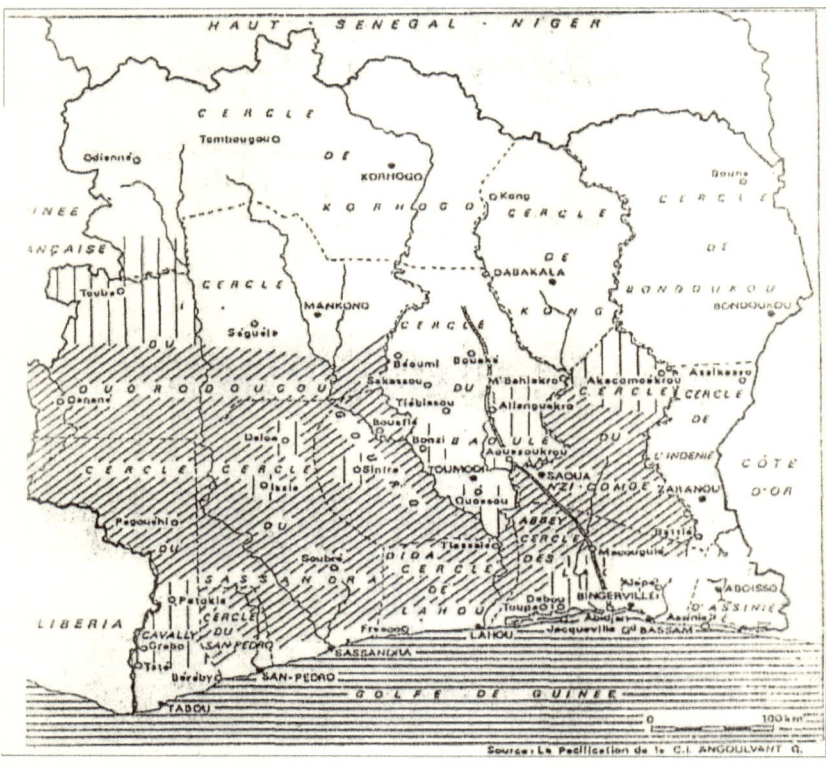

Source : P. KIPRE, *Op. cit*, annexe n°12.

---

[28] Voir carte n°1.

Au moment de sa prise de fonction en 1908, Angoulvant, conscient de la précarité de l'implantation française, décrivait en ces termes la situation de la colonie: « Nous ne tenions pas alors tout le pays, mais les points sur lesquels nous étions installés de force et leurs environnements immédiats ».

C'est-à-dire les Cercles de Bassam, d'Assinie, de l'indénié, de Bondoukou, de Kong, de Korhogo et de San-Pédro[29].

Partout ailleurs, la colonie restait fermée, soit du fait de l'hostilité des populations, soit en raison d'une insuffisance du pouvoir colonial. La situation politique de la colonie était vraiment préoccupante. De nombreux foyers de protestation s'allumaient un peu partout. A l'Est du pays, l'Indénié se soulève en 1896 ; au centre la révolte Baoulé, dès 1898, tend à se généraliser vers 1902 et ne sera réprimée par Clozel qu'en 1905[30]. A l'Ouest, les Tepo du Cavally prennent, en 1899, le maquis et les habitants de Daloa cernent le poste en 1906. Même les zones lagunaires proches de la capitale, une dizaine de kilomètres seulement, sont affectées par des troubles, à l'exemple des villages ébrié dont les habitants attaquent Bingerville en 1905. L'image de la colonie est un espace qui reste encore à maîtriser. Certaines régions bien en main mises à part, le reste du pays demeurait sinon inconnu, du moins très hostile ; et même dans les zones dites pacifiées, la précarité de l'occupation rendait la circulation hasardeuse et dangereuse, puisque partout des gardes d'escorte bien armés étaient nécessaires, si l'on voulait se mettre à l'abri d'attaques ou de représailles. En clair l'autorité des Français était insignifiante. Il en était de même pour la mise en valeur.

2.2   Une mise en valeur à peine ébauchée

Seuls les points ouverts à l'exploitation avaient fait l'objet de mesures financières propres à assurer au budget les ressources nécessaires à la mise en valeur et au progrès de la colonisation. La fermeture de la colonie était une

---
[29] R.P. ANOUMA, *Op.cit.*, p.103
[30] C.COQUERY VIDROVITCH, *L'Afrique occidentale au temps des français : colonisateur et colonisés 1860-1960*, Paris, La Découverte, 1992, 464p.294

situation préjudiciable non seulement à l'autorité française, mais également au commerce qui devait se contenter des seules possibilités offertes. C'est à dire peu de choses. Les limites de la conquête pacifique n'ont pas tardé à apparaître.

En principe, au regard de révolution qu'elles ont connue, les affaires de la colonie devraient susciter beaucoup d'espoir : de 1899 à 1907, le commerce général passe de 11,3 millions de francs à 25,2 millions; le budget de colonie est passé de 3,1 millions en 1903 à 4,3 millions. Les exportations de produits naturels ont une progression remarquable depuis 1896. De 4,4 millions de francs, on est passé à 10,9 millions en 1907. Pourtant à la fin de 1907, la morosité gagne le commerce européen. Depuis 1904 les échanges extérieurs marquent le pas ; et la part du caoutchouc, produit spontané est considérable depuis 1899 : 49% des exportations en 1899 ; 60 à 69% entre 1903 et 1907. L'administration Clozel qui misait sur la politique fiscale a accru les impôts et taxes depuis 1904. En 1908, les patentes, taxes et impôts par tête représentaient 51% du budget contre 27% seulement en 3904. A cette allure les commerçants européens de la colonie estiment que l'administration locale étrangle les affaires. Cela au moment où les prix du kilogramme d'oléagineux (huile de palmes et palmiste) et ceux du bois sont au plus bas depuis 1902. La colonie était sous le règne du caoutchouc et les prix sur ce produit étaient encore rémunérateurs.

Si au début des années 1900 la prospérité de la traite du caoutchouc attirait de nombreux commerçants, l'extension des régions réellement contrôlées et occupées se ralentit par contre devant l'hostilité des populations. Ce qui explique plus tard la baisse de la production.

C'est dire que l'occupation territoriale précède la mise en valeur économique. C'est pourquoi, analysant les résultats de la conquête pacifique, Angoulvant conclut en 1909 que « la Côte d'Ivoire reste un pays dont le plein essor économique ne s'accomplira que le jour où la politique de nos armes y aura fait régner la paix française. »[31]

---

[31]H.YAVAT D'ALEPE, *Une économie coloniale de transition: la Côte d'ivoire de 1893 à 1919*. Paris VII 1979, 557 p., p.28

La zone frontière qui constitue une grosse richesse naturelle pour la colonie demeurait encore un mystère pour les Français Les foyers de tension, le mauvais état des voies de circulation, la restriction du chemin de fer étaient aussi des entraves à la circulation. Ce qui restreignait par voie de conséquence le marché et limitait considérablement l'activité commerciale de la colonie[32].

Tout ce qui précède confirma l'échec de la période pacifique. La maigreur de ce bilan est à l'origine du changement de la politique de conquête à l'arrivée d'Angoulvant.

II. LE CHANGEMENT DE LA POLITIQUE DE CONQUETE A L'ARRIVEE D'ANGOULVANT

A l'arrivée d'Angoulvant, la France donna une nouvelle orientation à son action. Elle était d'ordre politique et économique.

1. LA POURSUITE ET L'ACHEVEMENT DE LA CONQUETE POLITIQUE ET TERRITORIALE

Il était question non seulement de conquérir le reste du territoire jusque-là vacant, mais également renforcer l'autorité française[33] au plan politique et administratif.

Selon Angoulvant, ce qu'il faut poser avant tout, c'est le principe indiscutable de l'autorité française. Cela devrait se manifester, de sa part, au moyen d'une grande fermeté, qui ne saurait admettre que des ordres soient acceptés avec réticence, observés avec arrière-pensée, à plus forte raison méconnus. De la part des indigènes, l'acceptation de ce principe devait se traduire par un accueil déférent, un respect absolu des représentants français. Ce principe ne pouvait être appliqué que par une politique vigoureuse et persévérante. C'est pourquoi le 16 août 1908, Angoulvant écrivait à l'administrateur du Baoulé:

Il existe encore certains groupements qui ne semblent pas avoir absolument accepté notre autorité (…) J'ai eu l'occasion de notifier aux représentants de ces

---

[32] Même si certaines sources s'accordent à dire que la balance commerciale des prédécesseurs d'Angoulvant était excédentaire, il ne faut pas pour autant perdre de vue le fait qu'une bonne partie du territoire n'était pas impliqué dans le commerce.
[33] Supra. Première partie. ChapitreI. II, 2

populations ma ferme volonté de les voir immédiatement rentrer dans la normale, preuve de complète soumission. Vous veillez à la stricte exécution de mes ordres. Je ne veux pas d'exception (...). Vous n'hésiterez pas à sévir, d'une manière absolue et sans injonction.[34]

L'établissement de l'autorité française sur des bases inébranlables passait aussi par une réorientation de la politique administrative.

Au plan administratif, Angoulvant avait entrepris des mesures rentrant chacune dans trois catégories bien distinctes.

D'abord il s'agissait de poursuivre, dans les circonscriptions complètement soumises l'œuvre purement administrative qui, désormais s'imposait et qui devait avoir pour manifestation un rendement financier et économique en rapport avec les ressources locales. Ces cercles étaient au nombre de sept : les cercles de Bouna, d'Assinie, de l'indénie, de Bondoukou, de Kong, de Korhogo et de San-Pedro.

Ensuite, il était question d'achever, dans les cercles où l'autorité française n'était plus mise en péril, l'œuvre de pénétration, en établissant sur tous les individus, la taxe de capitation. Ces cercles étaient au nombre de cinq : les cercles de Lagunes, de Lahou, du N'zi-Comoé, du Baoulé, du Cavally.

Enfin, il fallait entreprendre, sur des bases nouvelles et par des procédés suffisamment efficaces, l'occupation réelle des parties de la colonie où l'installation des français est restée nominale ou tout au moins précaire. Ces cercles étaient au nombre de deux : les cercles du Ouorodougou et du Sassandra.

A côté de ces trois grandes catégories, Angoulvant prévoyait aussi la création d'un cercle militaire du haut-Sassandra et du pays Gouro[35].

2- LES AMBITIONS ECONOMIQUES.

Depuis la genèse même de la conquête coloniale, la colonie avait une double fonction économique pour la métropole. La possession de la colonie est un marché privilégié où la métropole prélèvera les denrées dont elle a besoin et imposera en

---
[34] G.L ANGOULVANT, *Op.cit.*, pp.55-57
[35] G.L ANGOULVANT, *Op.cit.*, pp71-103

retour les produits qu'elle fabrique. Or la possession de la colonie était partielle. C'est dire qu'une bonne partie restait fermée aux affaires économiques et commerciales. Non seulement le marché de consommation était restreint, mais également la portion d'exploitation et de mise en valeur T était aussi. Toutes ces raisons liées à l'ouverture du pays à l'exploitation économique ont inspiré le programme d'action d'Angoulvant. Il précisait par ailleurs ses intentions dans une circulaire du 26 novembre 1908 : « asseoir notre autorité de telle sorte qu'elle soit indiscutable, traduire enfin ces résultats par des effets tangibles tels que la perception de l'impôt, le concours donné par l'indigène à l'outillage économique et social. »[36]

Eu égard à la dégradation du tissu commercial qui prévalait, Angoulvant allait tourner à la demande générale des commerçants, l'économie et le commerce vers la production de cultures rémunératrices et diminuer la part clés produits spontanés dans les échanges[37]. Dès lors la contrainte devenait le moyen de production. Quant au colonisé il devenait la principale force de travail.

Angoulvant visait donc à donner à l'activité économique la totalité du champ d'action qu'offrait la Côte d'Ivoire.

Tout ce qui précède met en exergue l'atmosphère qui a entouré la nomination d'Angoulvant comme lieutenant-gouverneur de la côte d'ivoire. Quelle a donc été son action ?

---

[36] R.P ANOUMA, *Op.cit.*, p.104
[37] Supra Partie I, Chap.II, I-2.2

Deuxième partie : L'ACTION D'ANGOULVANT EN CÔTE D'IVOIRE : 1908-1916

Dans la première partie intitulée le contexte de la nomination d'Angoulvant, il a été question de l'atmosphère qui a entouré sa prise de fonction, comme gouverneur de la colonie de Côte d'Ivoire.

Dans cette deuxième partie, il s'agira de l'exercice de la fonction de gouverneur par Angoulvant. Car prendre fonction signifie exercer cette fonction, poser des actes. Cette partie consacrée à ses actions se subdivise en trois chapitres.

La première traite de la conquête politique et militaire. Pour les besoins de la cause cette conquête s'est effectuée en plusieurs étapes.

Le deuxième chapitre est consacré à l'étude des résistances opposées par les Ivoiriens. Ces résistances étaient multiformes, mais pas assez solides pour empêcher la domination des Français.

Enfin, le dernier chapitre est pour nous le lieu d'évoquer les actions économiques d'Angoulvant. Il devra montrer son apport dans ce domaine.

CHAPITRE I: LA CONQUETE MILITAIRE

Toute conquête coloniale implique l'idée d'intervention militaire. Celle d'Angoulvant s'est réalisée en trois grandes phases : à la période des « à-coups » (1908-1909) succède celle de «l'action vive» (1909-1911); la phase des « tâches d'huile » (1911-1915) parachève l'œuvre. Bien sûr, l'action militaire s'est soldée par des résistances.

I. LA PÉRIODE DES« A COUPS» : UNE INSUFFISANCE DES MOYENS D'ACTION (1908-1909)

Cette période commence en mai 1908 et se termine en janvier 1909[38]. La lactique consiste à lancer une série d'actions militaires contre les populations particulièrement agressives. En d'autres termes, c'est une action militaire au coup par coup suivant l'apparition où le durcissement des foyers insurrectionnels.

La période des « à-coups » correspond à la phase de préparation de la conquête ; période transitoire entre la conquête pacifique et la manière forte, durant laquelle Angoulvant expose à ses collaborateurs la nouvelle politique et essaie de vaincre les réticences du gouverneur général. La chose n'allait pas sans difficulté, car l'administration répugnait au changement[39]. La politique virile préconisée par Angoulvant dérangeait par trop les idées reçues et les habitudes acquises depuis quinze ans pour ne pas rencontrer des oppositions dans la hiérarchie et même dans l'opinion publique. Les autorités de Dakar ne montraient aucune hâte à accéder aux demandes de nouveaux effectifs pour une colonie considérée comme calme et prospère.

Cependant, le changement de politique ayant été senti par les populations, les résistances se durcissaient, les révoltes éclataient en plusieurs endroits.

A ces adversaires qui lui reprochaient le caractère décousu de son action à

---
[38] Certains documents fixent la fin de cette période à Septembre 1909
[39] T.M.GOUHIRI, *L'organisation administrative et territoriale de la Côte d'Ivoire de 1893 à nos jours*, Université Strasbourg, 1980, 443p., p.131

cette époque, le gouverneur Angoulvant répondra :

Il y a donc même pas eu la possibilité de choisir un moment opportun pour agir dans telle ou telle région. La tension subie, fruit d'une longue inaction forcée, était telle que, sans une réaction prompte, nous courrions à des incidents généralisés. Il fallait faire front, non pas sur quelques points, mais aujourd'hui dans un cercle, demain dans un autre.[40]

La période des « à-coups » comprend la soumission du centre Est et Sud d'une part ; les représailles ponctuelles contre les résistances de l'ouest et du Centre d'autre part.

1. LA SOUMISSION DU CENTRE-EST ET DU SUD
1.1- La soumission du Centre Est

Alors que les Agnis du Sanwi et du Ndenyé étaient déjà soumis les Agnis du Moronou ou Morofouè ne cessaient toute résistance qu'en 1908.

En effet le Moronou à la différence du Sanwi et du Ndenyé est un espace politique fragmenté avec neuf petites principautés formées par les clans matrilinéaires[41]. Ces principautés gouvernées par des monarques héréditaires sont indépendantes les unes des autres. La prééminence ancienne du Ngatianou[42] n'est plus qu'une survivance.

Divisées politiquement elles n'avaient pas une armée commune et n'étaient plus rassemblées pour faire face à des périls communs. Seuls quelques groupes avaient des velléités de résistance, vite brisées. Ainsi, dans le Ngatianou, Aka Tchoua, chef de Mbaouesso refusa-t-il d'obtempérer aux ordres de l'administrateur Hostains et « fît prendre les armes à ses hommes et envoya des émissaires dans les villages pour exhorter tous les Agni à se soulever[43] ».

Chez les Essandané, Nganza, chef du village de Kangadi, projetait de faire

---

[40] G.L ANGOULVANT, *op.cit.*, p143
[41] Les neuf chefs principautés formées par les clans matrilinéaires des groupes Ahali, Ahua, Amatian, Assiè, Essandané, Ngatianou, Sahié et Sahua.
[42] Le Ngatianou est le détenteur du siège sacré.
[43] ANCI, IEE 141(2). Réponse n°3 à la lettre n°40T. d'Hostains au gouverneur de la Côte d'Ivoire, Sahoua, Août 1908.

assassiner l'administrateur Poryade et son adjoint Vallon, préposés à la construction du poste administratif de Bongouanou.

Dans ce but, il avait envoyé des émissaires dans tous les villages Assandé et leur avait commandé de se réunir en arme chez lui. On devait envoyer acheter de la poudre chez les Ahès. Le nombre de guerriers suffisant une fois réunis, l'attaque devait avoir lieu au moment propice.

Plusieurs réunions eurent lieu pour examiner ces propositions qui finalement ont été rejetées[44].

Dans l'Alangoua, le chef Tano Kakou refuse de recevoir les émissaires de l'administrateur Hostains venus lui réclamer le paiement de l'impôt de capitation.

Chez les Ahua, Koffi Kli, chef du groupe et du village d'Arrah, manifestait son hostilité à la présence française en arrêtant un agent de renseignements et en infligeant une rançon pour sa libération. Toute cette agitation antifrançaise, même si elle ne se traduit pas par la prise des armes, fragilise l'implantation coloniale.

Le gouverneur Angoulvant décida donc de soumettre le Moronou par la force. Il s'y rendit en personne pour apporter son soutien à l'administrateur Hostains et étudier les meilleures dispositions à prendre pour entrer dans l'ordre les dissidents[45]. Une colonne de 200 hommes fut constituée. Elle était encadrée par trois officiers européens, sous les ordres du capitaine Délibères. Et après seulement un mois, elle obtint, sans combattre, la soumission des Agni du Moronou. Les Allangoua se soumirent ainsi avec leur chef Tano Kakou le 20 octobre, les Ngatiafoué le 29, les Essandané le 11 Novembre, enfin les Ahua le 18 Novembre.[46]

---

[44] En fait, l'attaque échoua parce que les colporteurs dioula en ayant eu vent, vendent la mèche à l'administrateur Poujade.
[45] J.N.LOUCOU, *La Côte d'Ivoire : les résistances à la conquête coloniale*, Abidjan, les éditions du CERAP, 2007, 149p.,p80
[46] Les principaux chefs s'étaient opposés aux Français et qui ne s'étaient pas suicidés comme Aka Tchoua et Ebrin Boto, sont arrêtés et déportés au Sénégal. 11 chefs et notables sont ainsi condamnés à la déportation pour « rébellion contre l'autorité française » : Tano Kakou, Nganza, Benuakou, Koffi Kpli, Kadio Koumano, Basse Kadio-Tchinimo Kpeïn, Boni Kakou, Assoumou, Beda Aoudion, Ehoumankou. Ils seront en fin de compte internés à Bingerville et remis en liberté, par mesure de clémence, le 1er novembre 1910.

1.2- La soumission du Sud

Le Moronou conquis et soumis, une partie de la colonne de répression se déploya en pays Akyé, qui était encore mal connu des Français et surtout insoumis. Cette situation menaçait la sécurité du chemin de fer et celle de la nouvelle capitale, Bingerville.

En Juillet 1908, l'administrateur Lamblin reçut l'ordre du gouverneur Angoulvant de reconnaître le pays en vue d'ériger un poste administratif.

Il fut fraîchement accueilli: les plus hostiles sont les villageois d'Akoupé, sous les ordres du chef Amancho qui s'était déjà oppose à la mission d'étude du tracé du chemin de fer.

Néanmoins, le poste d'Adzopé fut créé le 18 Décembre 1909 avec comme premier chef, le chef, le commis des affaires indigènes Gourgas. Celui-ci organisa le poste, procéda à la reconnaissance du pays Akyé, supervisa la construction de la route vers l'Indénié. L'hostilité des Akyé ne faiblit pas pour autant. Gourgas fit arrêter le chef Amancho pour incitation à la révolte, le 20 mars 1909. C'est aussitôt la levée des boucliers chez les Akyé des groupes Kétté et Anépé, notamment les villages d'Akoupé et d'Anépé qui décidèrent de s'en prendre au chef de poste français et de fermer leur territoire à tout Européen. Gourgas fut assassiné le 5 mai 1909 à Adokoy, village fondé à partir d'Anépé. L'administration coloniale décida de venger cette mort et de soumettre définitivement les Akyé[47]. La résistance mobilise 4000 guerriers issus d'Adokoy, Assoukoy, Bassadzin et Lobo Akoundzin en plus d'Adzopé et Anépé[48].

La colonne de répression commandée par le capitaine Cohen enlevait ces villages, un à un, entre mai et juillet 1909. La conquête fut parachevée par la troupe du Lieutenant Boudet qui obtint la reddition complète des Akyé le

---

[47]J.N.LOUCOU, *Op. cit*.p82
[48]Les chefs et les notables akyé qui ont résisté, sont condamnés respectivement à dix et cinq ans d'exil dans le cercle du Cavally. Quant au chef du village de Niakinguié, Agoni et ses notables d'Akoupé, Kotobo Esse, Kadio. Bedé et Dré, ils sont condamnés pour les deux premiers à trois ans d'exil et à deux ans pour les derniers, à Port-Ettienne.

1ᵉʳ décembre 1909⁴⁹.

Les Adioukrou furent soumis dans le même mois de décembre 1909⁵⁰.

La même année, Angoulvant décide de soumettre les Bouboury comme les autres groupes encore réfractaires à la présence française. Ainsi, le 5 Décembre 1909, un détachement de 94 tirailleurs sous les ordres du Lieutenant Boudet fut dirigé sur Toupa. Il fut rejoint par 20 gardes de police et les 5 compagnies du 4ᵉᵐᵉ régiment de tirailleurs sénégalais fort de 106 hommes. L'ensemble de ces forces fut placée sous le commandement du capitaine Lamblin. L'attaque fut dirigée contre les villages de Toupa et Nopoyen qui sont occupés le 9 décembre 1909. Trente campements alentour furent détruits dans la même journée⁵¹.

La soumission des Adjoukrou consacra la « pacification » du sud de la colonie, même si le pays Abbey était encore à conquérir définitivement.

2. LES REPRESAILLES PONCTUELLES CONTRE LES RESISTANCES DE L'OUEST ET DU CENTRE.

2.1- Les représailles contre les résistances de l'Ouest.

Dans l'ouest, les Wê ignoraient la présence française et manifestaient leur refus de toute soumission. Les Yacouba des environs des postes de Danané et de Man avaient déjà fait leur soumission.

Mais les contraintes du joug colonial entraînaient une hostilité permanente qui se traduisait par des actes de défiance et des attaques armées. Ainsi les villages de Godoloupleu et de Zougoupleu au sud-ouest de Danané refusèrent des porteurs de la mission franco-libérienne de délimitation de frontières les 7 et 8 février 1909. Du 20 au 24 juin 1909, un détachement sous les ordres du lieutenant Gauvain s'en prit à

---

⁴⁹ANCI 2EE 5 (4)21:1: 5 (4): Affaire Gourgas. Correspondance et rapports relatifs à l'internement à Kaëdi des présumés de Gourgas.
⁵⁰Il s'agit en fait des Adioukrou de la confédération Bouboury composée des tribus Akladzou, Orgbafou. Oresrou, Agbadznou et Oborou. Cette confédération, à la différence de celle de Dibrimou regroupant les tribus Amabou Dibjein, Olokpou, entretenait des relations indirectes et conflictuelles avec les français.
⁵¹ANCI, 1EE 122 (7), Compte rendu de la prise d'Ousrou et ses conséquences immédiates.

ces villages et leur infligea une amende[52]. Mais l'opposition la plus vive était le fait des groupements dans la région de Man[53]. Ils assiégèrent le poste de Man du 2 au 3 novembre 1908 et font le coup de feu jusqu'au 7 novembre. Dès le lendemain, la riposte menée par le capitaine entraîna la destruction des villages de culture du voisinage dont les approvisionnements de riz sont apportés au poste[54].

Dans le centre ouest, le pays Gouro était quasiment inconnu et surtout insoumis. C'est à partir de 1907 que le gouverneur Clozel décida de le conquérir, appliquant ses méthodes de «pénétration pacifique» qui suscitaient partout des oppositions armées. C'est donc un pays insoumis qu'Angoulvant décide de conquérir dès sa prise de fonction, à la foi pour assurer la liaison entre l'est et l'ouest de la colonie et en exploiter les richesses économiques. Il détacha aussi le cercle annexe des Gouro du cercle des Baoulé et le réunit au cercle de Sassandra pour former le cercle du haut Sassandra et du pays Gouro, par l'arrête du 14 décembre 1908.

Angoulvant devait faire face aussi au soulèvement des peuples du centre de la colonie.

2.2- Les représailles contre les soulèvements du centre.

Dans le centre, le pays baoulé est secoué en 1909 et 1910 par l'insurrection des Ayaou et des Akoué.

Les Ayaou se signalèrent d'abord par leur refus répété de payer l'impôt de capitation. « Les Blancs ne nous ont rien vendu, nous n'avons rien à leur payer » protestent-ils.

Le capitaine Poussât entreprit une reconnaissance du 28 février au 6 mars 1909 pour réduire le mouvement de rébellion qui menace de s'étendre aux Yaouré et aux Akoué près desquels les Ayaou faisaient déjà des démarches en vue d'un

---

[52] J.N.LOUCOU,*Op.cit*, p.84
[53] Il s'agit des Iaro, Hyié, Ka, Sélé
[54] G.L. ANGOULVANT, *Op.cit*, p.252

soulèvement commun[55]. Les Ayaous recevaient à coups de fusils cette reconnaissance et massacrèrent des commerçants dioulas, considérés comme les fourriers de la colonisation.

Pour réprimer, le 5 avril 1909, avec une colonne de 255 tirailleurs, les premières attaques sont dirigées contre les villages situés sur la rive gauche du Bandama[56] du 13 au 18 avril.

Le relais de l'insurrection est pris par les Akoué dont « tous les chefs sont nos ennemis juré. Seule la vieille Yamoussoukro (...) a fait preuve d'une bonne volonté qui n'était qu'une conséquence de la peur qu'elle a de nous. »[57]

L'hospitalité des Akoué est ravivée par les mesures prises par le gouverneur Angoulvant[58].

L'administrateur du Baoulé -Sud, Marc Simon qui prend fonction le 8 Janvier 1909 décide d'agir (...) contre ses administrés récalcitrants qui prennent tous les jours une attitude plus effrontée[59].

Le 16 Juin 1909, il se rend à Diamalabo, en compagnie de Moesch, chef de Poste de Bonzi, de Kouassi N'goet d'une escorte de dix-sept travailleurs, pour rencontrer ces récalcitrants. La palabre tourne court. Simon et sa suite quilientle village.

Cette humiliation des français est aggravée par la prise et la destruction de Bonzi, le 24 Juin 1909 par les Akoué. Cinq gardes sont tués, les colporteurs dioulas massacrés, les cultures obligatoires dans le voisinage du poste au secours du poste Bonzi. Elle est placée sous les ordres du Lieutenant Koufmann accouru de Grand-Lahou avec deux sergents et 29 travailleurs auxquels s'ajoutent de volontaires dioula recrutés à Toumodi et la première brigade dépêchée du pays Akyé, soit au

---

[55] G.L. ANGOULVANT, *Op.cit*, p.259
[56] Notamment à Petoukro, Kongo kouassikro et Tiébissou-Ayaou
[57] ANCI, 1 EE 29 (4/6). Cercle de Bouaflé, Rapport mensuel mars 1903.
[58] Il s'agit de l'augmentation de l'impôt de capitation, la taxe sur les fusils, le désarmement et l'imposition de nouvelles cultures commerciales. Les principaux chefs Akoué font une campagne vigoureuse contre ces mesures.
[59] M. SIMON, Souvenirs de brousse 1905-1910, Paris, Nouvelle Editions Latines, 1965, 187p, p.96.

total 194 travailleurs encadrés par cinq officiers et trois sous-officiers européens. Cette file arrive en pays Akoué le 28 Juin 1909. Elle enlève les villages de Kpoussoussou, Akpessekro, N'guessankro vidés de leurs habitants avant de prendre le poste de Bonzi, le 1er Juillet. Elle s'en prend aux villages de Morofé, Diamalabo et Kami ainsi qu'aux campements de culture.

Pour une « pacification » générale de tout le pays Akoué, est organisée la colonne des Akoué sous les ordres du commandant Noguès. Elle est forte de 636 soldats et de 614 porteurs. Elle entre en action le 20 octobre 1909. Elle prend d'assaut les villages d'Apkessekro, de Gogokro, N'gattakro. Elle s'attaque enfin aux villages de Zatta et Kami, le 23 Novembre. Ce dernier village est détruit et celui de Kongouanou est enlevé le 13 décembre.

Les Akoué font leur soumission et la colonne achève ses opérations le 8 Janvier 1910[60].

Cette période des à coups, des opérations isolées et d'effet momentané, ne put bien sûr obtenir des résultats décisifs. Angoulvant l'explique par la modicité des moyens militaires:« Je comptais mes faibles forces, les répartissais le mieux possible, me disposait à désorienter les adversaires en frappant déci delà, de rudes coups qui se répercutaient. »[61]

II. LA PERIODE DE L'ACTION VIVE OU L'EMPLOI DES COLONNES REPRESSIVES (1910-1911)

Cette période voit la mise en œuvre d'une stratégie coordonnée et de grande envergure avec l'emploi des colonnes militaires. Elle permet de liquider la résistance des Abbey et celle des baoulé avant d'entreprendre la conquête de l'Ouest.

A force d'insistance, le gouverneur Angoulvant a fini par obtenir les effectifs militaires qu'il réclame. En cela il est servi par l'insurrection des Abbey, qui éclate an 1910. Il peut alors mettre en marche l'action vive qui lui est chère ; celle-ci

---
[60] J.N. LOUKOU, *Op.cit*, p.88
[61] Nous avons le Morié, les Tiofo, les Kho et les Abévé

est basée sur l'action des colonnes militaires, qui sont envoyés contre des objectifs déterminés, non pas seulement pour réprimer une révolte, mais pour conquérir et soumettre la région concernée.

1. LA LIQUIDATION DE LA RESISTANCE DES ABBEY

Installés dans la région d'Agboville, les Abbey se répartissent en quatre grands groupes[62]. De 1905 à 1909, la résistance des Abbey se caractérise par le refus du travail forcé, du payement de l'impôt, par des incidents répétés contre les colporteurs dioula et les exploitants forestiers.

Quand le gouverneur Angoulvant décide d'un désarmement hâtif, c'est la goutte d'eau qui fait déborder le vase. Le 7 Janvier 1910, les Abbey attaquent le train qui relie Dimbokro à Abidjan. Ils tuent les voyageurs dont le seul français, Rubino, employé de la compagnie Française de l'Afrique occidentale (CFAO). Ils détruisent la voie ferrée sur plusieurs tronçonneuses. Ayant constaté l'ampleur de la révolte des Abbey lors d'une visite dans la région, le gouverneur général William-Ponty précise ses instructions au commandant Noguès qui dirige les détachements de la Côte d'ivoire:

J'ai l'honneur de vous confirmer les instructions verbales que je vous ai données au cours de mon voyage d'inspection, d'Abidjan à Dimbokro.(...). Le but assigné à nos opérations de police est d'assurer la sécurité et le fonctionnement du Chemin de fer, de réprimer sévèrement les attentats commis par les Abbeys et de soumettre les tribus insurgées.[63]

Dès le 11 Janvier 1910, le commandant Noguès arrive à marche forcée de Toumodi avec toutes les compagnies. Avec le soutien des détachements de Bongouanou et d'Oussrou, il commence la répression de l'insurrection Abbey. Mais le poste d'Adzopé est bloqué du 21 janvier au 21 février par 400 guerriers Abbeys et Akyé. On envisage d'abord d'armer les civils européens et on forme une compagnie

---

[62] G.L. ANGOULVANT, *Op.cit*, p.143
[63] ANCI, INN (5), Lettre du gouverneur général de l'Afrique occidentale à monsieur le chef de bataillon Noguès

de volontaires armés pris parmi les ouvriers du chemin de fer.

De plus, le 8 Février 1910, deux compagnies de renfort sous les ordres du commandant Morel sont envoyées à Dakar. Tout le mois de Février, les compagnies sillonnent le pays Abbey, attaquant et détruisant les villages. Malgré tout, la résistance Abbey se poursuit. Elle réussit à assurer ses approvisionnements en armes par des caravanes venant de Dabou et à reconstruire des retranchements défensifs autour des villages. Le groupe Morié reprend les offensives en mars. C'est à partir du mois suivant que les Abbey et les Akyé commencent à faire leur soumission.

2. LA LIQUIDATION DE LA RESISTANCE DES BAOULE

Chez les Baoulé, nous avons les N'gban ainsi préparés déclenchent les hostilités en 1910 et tiennent le pays jusqu'en avril. Ils attaquent le poste d'Ouossou, tendent des embuscades, coupent les routes et les lignes télégraphiques. Ils s'empennent aux Baoulé qui collaborent avec les français.

Le 28 avril 1910, l'administration coloniale organise une impressionnante colonne répressive, dite colonne des N'gban sous le commandement du chef de bataillon Morel. Cette colonne comprend 19 officiers et 28 sous-officiers tirailleurs et 679 porteurs. Elle mène ses opérations de répression en trois phases. Dans une première phase, elle s'attaque aux sous-tribus Dida, Kpoueboet Adaou. De violents combats se déroulent du 30 avril au 10 juin. Acculés, les N'gban se réfugient sur l'orumboboka. Dans la deuxième phase, la colonne pilonne avec l'artillerie le massif montagneux puis l'investit pour débusquer les résistants, détruit leur campement et leur plantation. Certains se suicident plutôt que de se rendre à l'ennemi. Puis c'est le tour des kouebo le 10 juillet. Accablés par ces réductions, les Adaou ; Assabou et Moronou se rendent d'eux même.

Dans une troisième phase, la colonne rétablit la sécurité sur la route Tiassalé-Toumodi.

La campagne contre les N'gban s'achève le 1er août 1910. Elle a duré trois mois. Les N'gban ont opposé une résistance vigoureuse et mis hors de combat un dixième de l'effectif de la colonne. Dans la partie orientale du pays baoulé, les Agba opposent des résistances très solides. Selon le rapport du commandant Marizt « l'avènement des Agba était estimé à 5000 fusils environ »[64]. La riposte française est lancée le 1er juillet 1910. Mais il faudra cinq mois (du 1er juillet au 1er décembre) pour briser la résistance des Agba et venir à bout de l'insurrection. Les principaux centres de résistance sont enlevés après de durs combats, Didanssessou le 28 juillet et Attensou le 19 Septembre. Puis les troupes coloniales procèdent au ratissage des deux rues de Nzi entre octobre et décembre. Les derniers foyers de résistance sont brisés et la colonne Maritz regagne Dimbokro, le 1er décembre 1910.

La résistance des Agba, comme une onde de choc, s'étend à tous les groupes du cercle du N'zi-Comoé. Ainsi les Quelle opposent une résistance opiniâtre aux troupes coloniales dans le second semestre de l'année 1910. Ils sont regroupés en deux groupes[65].

Du 5 au 21 octobre 1910, un détachement de 169 tirailleurs sous les ordres du lieutenant Javouhey parvient à briser la résistance du groupe de Test. Pour parvenir à bout du groupe de l'ouest, le lieutenant-colonel Levasseur envoie un détachement de renfort sous les ordres du capitaine Richard. Ce détachement s'attaque aux Ngbongbo qui finissent par rendre les armes. Il faut dire que le cercle du N'zi-Comoé a eu le plus grand nombre de port (107 personnes) ce qui traduit la férocité de la répression.

Reste à soumettre la partie occidentale du pays baoulé occupée entre autres par les Nanafouè, yowlè, Ayaou et Kodè qui selon Angoulvant, n'ont jamais accepté la domination française.

Pour cette mission est formée une impressionnante colonne dite de Bandama. Comprenant 20 officiers, 40 sous-officiers européens, 110 tirailleurs, 700 porteurs soit 1860 personnes sous le commandement du lieutenant-colonel Levassent Pendant

---

[64] ANCI, INN 5 (2), Rapport d'ensemble du chef de bataillon Maritz sur les opérations de la colonne des Agbas du 1er Juillet au 1er Décembre 1910.
[65] A l'Est, sont rassemblés les Ndamé, les Kosséfouè, les Soundo et les Aondéfoué, à l'Ouest, les Nambé, Ngongbo et les Ananda

six mois du 1ᵉʳ Janvier au 1ᵉʳ Juillet 1911, il décida d'opérer en trois phases : envahir simultanément les pays Nanafouè et Yowlè ; continuer ensuite contre les Agaou et terminer par les Kodè.

Les Nanafouè avaient lancé un raid contre Tiébissou le 15 Janvier 1911. La réplique française commença la réplique dès le 17. A l'issu des combats le 15 mars, 18 chefs meurent et neuf sont internés. C'est également la prise des villages de Dibikro, Dosakassou, Salèbroukro.

Chez les Yowlè la résistance tenait tête au détachement de 326 tirailleurs sous les ordres du capitaine Raymond du 1ᵉʳ février au 15 mars 1911. La résistance fut vaincue malgré un système défensif ingénieux, associant obstacles naturels (pitons rocheux, fourrés épineux, termitières) et constructions humaines (palissades, palanques de tronc d'arbre, trous de tireurs.) La colonne du Bandama s'attaque également aux Kodè. Dès le 15 avril 1931, un détachement sous les ordres du capitaine Larroque intervient dans le Nord du pays Kodè qui fut réduit en moins malgré la résistance des villages Gbo et Niambrun. Face à la persistance de leur résistance, deux colonnes de répression furent organisées sous les ordres du commandant Bougeron du 1ᵉʳ mai au 17 Juin. Au total, de la colonne du Lieutenant Staup en 1891 à la colonne du Lieutenant-colonel Levasseur en 1911 il a fallu vingt ans pour conquérir effectivement le pays Baoulé et contrôler le vaste espace entre les fleuves Comoé et Bandama[66].

III. LA PERIODE DES « TACHES D'HUILE » : UNE PHASE DE CONSOLIDATION (1911-1915)

La méthode de la «tâche d'huile» représente L4une des idées les plus originales et plus fécondes du gouverneur Galliéni, qui la formula dans ses célèbres instructions pour la conquête de Madagascar en Mai 1898:
Tout mouvement de troupe doit avoir pour sanction l'occupation du terrain conquis. L'action la plus féconde, celle qui a déjà fait ses preuves (...) est celle de la tâche

---
[66] J.N. LOUCOU, *Op.cit*, p.100

d'huile. On ne gagne du terrain en avant qu'après avoir organisé celuiqui est en arrière(...).[67]

Ce quadrillage s'effectuait de proche en proche partant des régions déjà soumises, ils permettent de venir à bout des résistances dans le centre-Ouest avec la conquête définitive des pays Gagou et Gouro en 1912,celle du pays Dida en 1913et du pays Bété en 1915; enfin dans l'Ouest, avec la soumission des Dan, Toura et Wê en 1913.

1. LA FIN DES RESISTANCES DU CENTRE-OUEST

L'administration d'Angoulvant créa le 29 Décembre 1910, une Région militaire de l'Ouest et ce, pour rassembler toutes les régions insoumises sous une autorité commune. Elle est dirigée par un commandant militaire. Les opérations militaires, conduites d'abord en pays Gouro, se sont effectuées en deux phases : dans la première phase, 800 tirailleurs appuyés par l'artillerie s'emploient à briser une à une les résistances des tribus. Ils réduisirent ainsi les tribus Cura, Bouavére (juillet-Août191 I) ; les tribus Sinfra, Bende (Septembre 1 9 3 1) et la tribu Boka qui avait assassiné le lieutenant Girard en Novembre 1911.A T'issue de cette première phase des opérations la situation s'avérait incertaine, notamment à Zuenoula, sur lequel étaient concentrées les troupes pour la seconde phase. Au cours de celle-ci, il fallait réduire les tribus les plus hostiles aux Français, mais aussi les mieux organisées. Les combattants étaient galvanisés par le fétiche Diby censé les rendre vulnérables[68].

Après la défaite des Gagou et des Bron en Février 1912, les Nyan sont attaqués le 15 mars par un détachement de 400 tirailleurs qui ne faisaient pas de quartier, détruisant villages, campements et cultures, massacrant les résistants. Le chef de bataillon Noire reconnaissait l'acharnement de la résistance des Gouro : « Les groupes rencontrent partout une résistance acharnée, la marche sur les

---

[67] T.M. GOUHIRI, *Op.cit*., p.130
[68] J. ZAMBLE BI YOU, ''La résistance Gouro face à la pénétration coloniale française en Côte d'Ivoire (1907-1914)'' in *Godo-Godo*, revue d'Histoire, d'Art et d'Archéologie n°15, 2005, pp.61-80

campements s'effectue d'embuscade en embuscade, au prix des efforts les plus sérieux, et de pertes sensibles de notre côté (...) »[69]. Les dernières résistances Gouro furent brisées par le capitaine Poussât en 1915.

Cependant, « Après la remise du pays Gouro à l'administration civile, deux groupements de tribus restaient à soumettre, au centre les tribus Bétés (...), au sud le groupe shien(...) »[70]

Toutes les résistances dans les secteurs de Vavoua et Daloa furent anéanties. Les villages de Gbétitapia et Doudoua furent brûlés. Dans la région de Gagnoa la bataille la plus sanglante a eu lieu dans la nuit du 15 au 36 Juillet 1913.

Enfin, les troupes occupent tout le pays situé entre Lobo et le Sassandra. Toute la résistance Bété n'est vaincue qu'en 1915 malgré la terreur employée par les tirailleurs. Elle a mobilisé près de sept mille combattants. Le cercle du Haut-Sassandra passe en 1916 à l'administration civile.

2. LA FIN DES RESISTANCES DE L'OUEST

Dans un premier temps il faillait soumettre les Dan du Laro et des cantons voisins. Leur résistance persistante remettait en cause l'autorité française, mais empêchait surtout l'ouverture des routes commerciales entre la haute Côte d'Ivoire et la mer. Comme l'écrit le chef de bataillon Bordeaux : « l'agitation fomentée à Laro continue de plus belle: grisés par ce qu'ils considèrent comme une grande victoire, les indigènes de ce canton nous narguent ouvertement. (...) Cette situation ne saurait se prolonger. »[71]

Bordeaux recevait alors le commandement de trois compagnies de tirailleurs et d'une pièce d'artillerie. Les opérations contre le Laro ont duré tout le mois de Février 1911. Elles s'achèvent par la soumission des Laro, la reddition de leurs armes et l'arrestation des chefs. Le poste de Logoualé est établi au cœur du Laro pour servir

---

[69] ANCI 1EE 160 (4) Rapport du chef de bataillon Noiré sur les opérations en pays Nyan.
[70] Rapport du lieutenant-colonel Valton. Commandant militaire de la Côte d'Ivoire sur les opérations effectuées par le 2ème Bataillon régiment et conduites par le chef de Bataillon Noire dans le cercle militaire du Haut-Sassandra pendant l'année 1912.
[71] ANCI, 1NN 7 (1) Rapport d'ensemble du chef de bataillon Bordeaux, sur les opérations exécutées dans le Cercle du Haut-Cavally du 15 Janvier au 12 Mai 1911.

de base à l'action contre les Guéré.

Ensuite, dès le 15 mars 1911, deux compagnies de tirailleurs s'attaquaient aux Guère de la rive gauche du Ko[72]. Les résistants se repliaient dans les campements et procédaient par des attaques brusques suivies de replis rapides. En septembre, la révolte des Guéré et des Momon de haute Guinée ont entrainé une intervention d'une partie des troupes du chef de bataillon Bordeaux opérant dans le Haut-Cavally. Profitant de ce retrait, les Kale et Oua attaquaient le poste de Danané ; la riposte fut fulgurante contre les premiers du 5 au 9 septembre, et du 7 au 23 octobre pour les seconds. De novembre à mars 1912, toutes les troupes y compris celles revenues de Guinée étaient employées à conquérir les Guère entre les rives ko et chue et les wobé.

Les Guéré des confédérations Zagné et Zagna sont conquis, ce qui permettait la liaison Duékoué-Buyo. Des détachements ont attaqué les populations du couloir entre Nuon et Cavally notamment celles du Lollé et du Nidrou. Zouan-Hien fut enlevé le 12 Juillet 1913 et Toulepleu le 15 août. Des postes y furent créés. La conquête de la région de Guiglo-Taï de juillet à décembre 1913 a permis la jonction avec le cercle du Bas-Cavally[73].

Quant aux Wobè, ils ont attaqué le 31 Août 1911 le chantier en construction de la route Man-Sémien. A la fin de cette année, les groupes Glao et Tao de la confédération Gbèon ont été soumis à l'issue d'opérations militaires. Des détachements venus de Sémien, Man et Kouibly assuraient à partir de février 1912, la conquête effective du pays Wobè. Le dernier semestre de T'année 1913 fut consacré à l'occupation du sud et de l'ouest du Haut-Cavally. Le pays entre Nuon et Cavally fut occupé à partir du poste de Danané, la rive gauche du Cavally à partir du poste de Logoualé, enfin le pays entre Sassandra, Cavally et N'zo, à partir des postes de Duékoué et Guiglo.

---

[72] Les Guéré tiennent la vaste zone comprise entre Bangolo, Duékoué, Guiglo, Bloléquin,,Toulepleu, Taï
[73] M. CHERIF, *L'Ouest de la Côte d'Ivoire (Haut-Cavally) et la pénétration françaises, 1896-1920*, Lille, Université de Lille III, 1973, 459p., p.372

Comment peut-on qualifier les résistances organisées par les populations ivoiriennes ?

CHAPITRE II : REALITE ET FAIBLESSE DES RESISTANCES ORGANISEES PAR LES POPULATIONS IVOIRIENNES

Les résistances consistaient à s'opposer par tous les moyens aux Français. Toutes les actions posées devaient nuire à la présence française. Nous examinerons les réalités qui prouvent l'affectivité des résistances mais aussi les faiblesses qui expliquent leur échec final.

I. LES FORMES DE RESISTANCE

Les résistances étaient multiformes : militaires, économiques et socioculturelles.

1. LES RESISTANCES MILITAIRES

Au plan militaire, les résistances ivoiriennes empruntaient essentiellement à l'héritage tactique et stratégique de peuples regroupés en petites communautés autonomes (tribus, clans familiaux, groupe de villages alliés), rarement à la dimension de tout l'espace ethnique. Le rôle éminent de certains chefs de guerre ou d'un groupe de notables (Zokou Gbeli dans la région de Daloa en 1908 et 1910 : Bony Ndjore chez les Quelle en 1910-1911 ; les Abbey et Attié en 1910)[74] favorisait parfois l'unité d'action dans une partie importante clé la région. Mais en général, le soulèvement de tel village ou tel tribune ne signifiait pas nécessairement que toute l'ethnie était engagée dans la lutte au même moment.

Les résistances militaires étaient surtout défensives à partir de 1909, Rares sont, après cette date, les cas où les populations prenaient l'initiative d'attaquer les postes ou les colonnes. Nous avons les Abbey qui attaquèrent le poste d'Agboville en janvier 1910[75].

---
[74] P.KIPRE, *Op.cit*, p.48
[75] Supra, la liquidation de la résistance Abbey

Dans la partie orientale du pays baoulé, les Agma mirent à profit les résistances des Akyé des Abbey et des Ngban pour s'insurger contre l'autorité française. L'insurrection fut minutieusement préparée. Une réunion de concertation des chefs et notables fut tenue le 07 janvier 1910 dans le village d'Alolokro. Elle eu pour principaux instigateurs, Aoussou Yoboué, chef des Assabou, Boni Kouassi, chef des Satire et Anzouronitaki, chef des Didalbué. Elle décida de s'opposer par les armes aux français. Tous les groupes voisins les avaient rejoint à l'exception de la sous-tribu languira, restée fidèle aux Français. Des armes furent achetées et acheminées depuis les centres commerciaux de Tiassalé, Aboisso, Bondoukou, et Groumania. Ils construisaient des campements en pleine forêt pour mettre à l'abri les femmes, les enfants et les biens. Enfin les guerriers recevaient d'Anzuronitaki un fétiche protecteur, dénommé Kpanigo qui est censé transformer les balles au crid' « abozué » (qu'elles se transforment en eau.)[76] Les Agbas engagèrent les hostilités. Ils isolèrent le poste de Dimbokro attaquèrent les travaux de chemin de fer, coupèrent les routes vers le Soudan et vers l'Indénié. Cette situation insurrectionnelle fut ainsi entretenue jusqu'en juin 1910. Seule l'attaque du poste de Gagnoa en mars 1913 par toutes les tribus de la région a constitué un des temps forts des capacités offensives de ces peuples. L'échec des armes fit place aux résistances économiques.

2. LES RESISTANCES ECONOMIQUES

Les résistances économiques des peuples ivoiriens au temps de la conquête française étaient toujours vivaces.

Elles vont se poursuivre longtemps après l'échec des armes. Leurs formes sous Angoulvant étaient multiples.

Ce fut d'abord au plan des échanges, et malgré les efforts pour détourner les axes du commerce colonial, le refus de changer de partenaires commerciaux: les Britanniques remportaient de très loin sur les produits français. Si les marchands malinké-dioula étaient animateurs du réseau commercial entre la zone de savane et

---

[76] J.N. LOUKOU, *Op.cit*, p.95

celle des forêts, les courtiers Nzima ou Assola eux étaient négociants anglais dans la zone côtière.

Ensuite, les résistances de réseaux traditionnels se doublaient d'une résistance monétaire. Ainsi, les Ivoiriens ne voulaient acheter et payer qu'avec les monnaies habituelles qu'étaient le sombré, la cauris, la manille, la poudre d'or et la monnaie anglaise[77]. Cela s'accompagnait par le refus de la monnaie française, le refus d'approvisionner les marchés des postes coloniaux, et la fréquentation des axes d'échanges précoloniaux au détriment des nouveaux axes de la colonisation (chemin de fer, routes).

Plus révélateur de cette résistance économique des peuples était le refus de fournir au vainqueur les produits qu'il voulait. Ce refus allait de la désertion des villages à la destruction des cultures dans plusieurs parties de la zone forestière et des savanes baoulé.

Les populations procédaient par les incendies volontaires de villages, la destruction de cultures, la destruction des pépinières de cacao et coton dans les « champs du commandant ». Ainsi, du fait de la guerre et au nom de la « défense nationale», les réquisitions de produits étaient devenues plus fréquentes et lourdes à partir de 1914. Dans le pays baoulé notamment, d'imposantes quantités d'ignames étaient exigées pour nourrir les recrues. Le mot d'ordre fut lancé des 1916 par une population excédée d'arracher partout les ignames noires « pour affamer le Blanc et ses tirailleurs».

Ces résistances étaient aussi socioculturelles.

3. LES RESISTANCES SOCIOCULTURELLES

Elles concernaient à la fois les structures sociales et de la culture. Elles exprimaient les efforts des sociétés ivoiriennes pour défendre leur mode d'existence sociale et culturelle.

---

[77] A ce propos, en octobre 1912, même la chambre de commerce de Grand-Bassam était d'avis qui « il n'y avait pas lieu d'interdire la circulation de la monnaie anglaise » dans tout le Sud-Est de la colonie où elle faisait prime.

Du point de vue social, les liens de parenté et d'alliance ont permis de nouer les coalitions militaires pour résister aux troupes coloniales. Ce fut le cas des tribus Gouro, notamment les Nyan, les Man, le Niono, les Bron, les Duanon, situés entre le Bandama Blanc et la Marahoué, qui opposèrent une résistance acharnée à la conquête.

La nouvelle hiérarchie sociale introduite par le colonisateur était également rejetée. Les chefs imposés par le colonisateur n'étaient pas reconnus.

Les résistants ivoiriens utilisaient également toutes les ressources des cultures traditionnelles africaines. Les danses, les chants, les masques sacrés, les techniques magiques (amulettes par exemple) servant de soutien moral et psychologique aux combattants.

Ce fut le cas du fétiche Diby qui galvanisait les combattants Gouro du secteur de Zuenoula[78].

Les cultes religieux communautaires et parfois panathénaïques contribuaient à l'unification des groupes de résistants. Dans les régions méridionales, apparaissaient des mouvements syncrétiques qui interprétaient le message chrétien à la lumière des traditions africaines. Le premier mouvement de ce genre fut lancé par le prophète William Harris qui arriva en Côte d'Ivoire à la fin de l'année 1913. Certains adeptes, outrepassant les enseignements de Harris en appelaient à la lutte contre les Blancs. D'autres prophètes comme Do et Yessu, émules ou imitateurs de Harris apparaissaient à partir de 1915 et entre tenaient une agitation qui pour n'être pas significative, n'en entraînait pas moins l'insubordination à l'égard des autorités coloniales[79].

Malgré la diversité des formes' de résistance, elles se sont avérées trop faibles pour repousser les Français.

II. LES FAIBLESSES DES RESISTANCES

Ces faiblesses sont militaires, politiques et idéologiques.

1. LES FAIBLESSES MILITAIRES

---

[78] J.ZAMBLE BI YOU, *Op.cit*, pp.61-80
[79] J.N. LOUKOU, *Op.cit*, p.115

Ce furent des résistances désespérées de populations largement dominées au plan de l'armement. Car malgré les nuances dues à la différence de niveau des échanges extérieurs de chaque population, l'armement de la résistance ivoirienne face à Angoulvant était composé de vieux fusils dont les modèles les plus récents dataient de 1883. C'étaient vraiment des armes peu efficaces.

L'administrateur Marc Simon racontait comment il avait échappé à la mort dans une embuscade en 1909 :

(…) Un individu caché dans la dernière case a fait dans le mur un trou suffisant pour y placer le canon de son fusil et à mon passage il a tiré. Le temps que le silex émette une étincelle, que la poudre du bassinet prenne feu, puis celle du canon et que la charge de pierraille soit projetée en avant, il s'est passé le ou les dixièmes de seconde suffisants pour le déplacement de la cible que je constituais et son remplacement par mon malheureux planton.[80]

Les armes des résistances étaient surtout silencieuses. Le fusil était rare ; les munitions aussi depuis la décision d'Angoulvant dès 1908 de réglementer le commerce des armes et munitions. Les armes les plus fréquentes étaient la sagaie et la flèche empoisonnée. Ce sont des armes silencieuses mais de courte portée.

La supériorité de l'armement des troupes coloniales a permis de compenser la faiblesse de leurs effectifs et de remporter les batailles. Leurs armes étaient composées de canons dévastateurs dont l'utilisation a été décisif contre les villages fortifiés. Une autre faiblesse militaire était liée à d'autres facteurs. Qu'il s'agisse de transmissions assurées à l'aide de tam-tams, de cors et trompes ; qu'il s'agisse de transports, de ravitaillement ou de services de santé, limités aux prouesses de quelques guérisseurs[81].

2. LES FAIBLESSES POLITIQUES

Les divisions entre ethnies et tribus, entre royaumes et empires ont entraîné des résistances éparpillées et localisées.

---
[80] P.KIPRE, *Op.cit*, p.49
[81] J.N. LOUKOU, *Op.cit*, p.118

Les divisions, entre peuples, autre héritage du passé gentilice, non seulement n'étaient pas surmontées, mais étaient au contraire arrivées par le processus en cours de différenciation sociale, les haines de peuple à peuple, de famille à famille, se doublant de haine entre dominateurs et asservis. Le conquérant européen n'eut qu'à se servir des Africains eux-mêmes pour écraser ses ennemis du moment.[82]

Aussi, en Côte d'Ivoire intérieure, les populations organisées en sociétés sans Etat ou en chefferies, donnèrent le plus de fil à retordre aux conquérants puisqu'il fallait 8 ans, de 1908 à 1915 d'opérations continues et de désarmement systématique des villageois menées par des centaines de tirailleurs du 4ème RTS pour venir à bout des oppositions. Celles-ci témoignaient d'ailleurs d'autres formes de résistance peut-être plus diffuses, en général limitées aux dimensions de l'ethnie, mais plus populaires, car impliquant, l'ensemble du groupe et acharnés[83]

Les tentatives de coalition ont été rares ou tardives. Ainsi les Abbey ont bénéficié du soutien des Akyé et des Baoulé. Gouro, Dan et Wê ont par intervalle coordonné leurs actions.

Cependant, il faut retenir que ces coalitions furent parfois tardives et Angoulvant n'eut jamais à affronter une vaste coalition proprement dite. Mieux, le caractère diffus a été l'une des plaies qui ont miné les résistances ivoiriennes face à Angoulvant.

3. LES FAIBLESSES IDEOLOGIQUES

Une autre faiblesse des résistances relevait de l'idéologie et de la mentalité collective, autrement dit des manières de penser, d'être et de faire de nos anciennes sociétés.

Ainsi les conquérants blancs ont été perçus comme des êtres mystérieux venus du monde des ancêtres.

---

[82] J. SURET-CANALE, *Afrique noire : Géographie, civilisation, Histoire*, Paris, Editions sociales, 1968, 3ème édition, pp.222-223, cité par J.N. LOUKOU
[83] V. COQUERY (S/D), *L'Afrique occidentale au temps des Français 1860-1960*, Paris La Découverte. 1992 464, p.65

On leur réserva donc un accueil déférent avec une révérence craintive. On crut que ces étrangers, à défaut d'apporter une bénédiction, ne feraient que passer, comme le firent d'ailleurs les premiers explorateurs. « Un étranger ne renonce jamais à son pays. On n'est bien que chez soi. Ils devaient donc bien se décider à aller chez eux un jour »[84]

Cette méprise sur les intentions des colonisateurs expliquait le pacifisme ou la collaboration de certains groupes et surtout le désenchantement général devant la pérennité de la présence française.

En un mot, cette mentalité a fait que les Ivoiriens ont été victimes de l'hypocrisie des Français. Ils ne s'attendaient nullement à de quelconques affrontements.

CHAPITRE III : L'ACTION ECONOMIQUE D'ANGOULVANT

Les nouvelles méthodes économiques consistaient à étendre les contrôles, remplacer la monnaie locale par la monnaie française, rehausser le niveau de l'impôt de capitation. En marge de tout cela, Angoulvant procéda à la création des marchés et l'amélioration du réseau routier.

I. L'AVENEMENT DE NOUVELLES METHODES ECONOMIQUES

1. UNE EXTENSION DES CONTROLES

Le souci de réglementer les transactions commerciales est apparu avant Angoulvant. Mais, c'est surtout avec lui que s'est étendu ce contrôle en plus des taxes payées pour le colportage et les transactions sur divers produits (kola, caoutchouc), un arrêté en date du 25 février 1910 créa les droits de place sur les marchés. Ce texte modulait le taux de ces droits de place sur l'importance du marché et les transactions qui s'y opéraient. Appliquées efficacement, ces mesures permettaient progressivement de limiter le nombre de marchés et de réaliser an

---

[84] M.CHERIF, '' Les mentalités africaines et colonisation'', in Annales de l'Université d'Abidjan, série 1 (Histoire), 1976, T.IV, pp.104-122, p.120.

profit du marché du poste les courants nécessaires. Mais en même temps elles permettaient la diffusion plus rapide de la monnaie française[85].

2. LA PENETRATION ET LA DIFFUSION DE NOUVEAUX SIGNES MONETAIRES

La pénétration de la monnaie française s'est faite à partir des postes décolonisation. Mais elle était aussi, à cette époque, une des conditions de l'activité économique bien que sa diffusion fût longue. Angoulvant imposait la monnaie française parce qu'elle était l'un des facteurs essentiels de l'uniformisation de l'économie.

Imposée dès le 26 novembre 1910 par Angoulvant, la monnaie française avait connu un sucées comme en témoignait l'administrateur du cercle des Tagouana :

Les billets de cinq francs circulent aisément dans les agglomérations les plus importantes du cercle, surtout chez celles qui comptent des éléments dioula et commerçants. Une partie des paiements de l'agence spéciale est effectuée en billets, le tiers de l'allocation mensuelle aux familles de tirailleurs est payée en monnaie fiduciaire.[86]

Après 1910, surtout dans les zones forestières, l'administration d'Angoulvant refusait les monnaies indigènes et obligeait les populations à venir échanger leurs sombres et manilles contre de la monnaie divisionnaire.

Toutefois, il est à noter que les échanges n'étaient pas favorables aux africains. Les manilles par exemple, dans le Haut-Cavally. sur le marché de Danané pouvaient perdre plus de 80% de leur valeur selon les saisons; dans la région de E)ivo-Lakota- Zikisso, en pays Dida au début de chaque année c'est-à –dire au moment où se paie l'impôt, ceux qui avaient des manilles en échangeaient vingt pour une pièce de 0,05 francs au lieu de 0,10 francs les autres périodes de l'année. Ainsi, la monnaie française s'appréciait dans les systèmes d'échanges précoloniaux.

---

[85] P. KIPRE, *Op.cit*, p.103
[86] ANCI, 1QQ(916) Registre des télégrammes reçus du Cercle des Tagouana, 1916

3. L'IMPOT DE CAPITATION

En 1908, Angoulvant élabora la théorie de contrainte. Elle intervenait à tous les niveaux administratifs, politiques, économiques pour imposer l'ordre colonial.

Erigée en principe officiel de gouvernement la contrainte s'exerçait pour accélérer la transformation du territoire en colonie véritable en dehors des abus du pouvoir des agents à travers les exactions et les recrutements militaires cette contrainte se manifestait aux habitants sous la forme principale d'impôt.

L'indigène était une richesse exploitable par le budget. Avec Angoulvant cette contribution forte des populations représentait 56% des ressources budgétaires.

Cette augmentation des recettes de capitation s'obtenait par le jeu de facteurs principaux : l'augmentation du nombre des imposés par l'extension territoriale de l'occupation coloniale et la hausse du taux de capitation.

Avant 1908 le taux uniforme de 2,50f était imposé indistinctement à tous les cercles soumis. L'arrêté local du 30 décembre 1908 laissait ensuite la possibilité au lieutenant-gouverneur de l'adapter aux richesses des régions. Il variait alors entre 1,50 et 4,50f. En 1912, le plancher minimal de 1,50 f est relevé à 2,50f. C'est au tour du taux maximal de passer l'année suivante de 4,50f à 5 f pour les cercles de Grand-Bassam, Lagunes, Grand-Lahou et Sassandra.[87]

II. LES INFRASTRUCTURES ECONOMIQUES

Nous avons la création des marchés et l'amélioration du réseau routier.

1. LA CREATION DES MARCHES

Dans ses instructions de juin 1908 au commandant militaire du Haut Sassandra, Angoulvant prescrivait d'envisager la possibilité de créer des marches et des centres de trafic.

En fait, le marché était pendant longtemps, là où il en existait déjà, la place commerciale qui à l'époque précoloniale, servait aux échanges périodiques. La création

---

[87] H. YAYAT D'ALEPE, *Une économie coloniale de transition : la Côte d'Ivoire de 1893 à 1919*, Paris VII, 1979, 557 pp.73

des marchés s'expliquait par le fait que l'économie d'échanges ne recouvrait pas partout la même importance. Les autorités coloniales voulaient donc amplifier le mouvement commercial partout en généralisant le système des échanges sur une place de marché qui allait favoriser le système de réseaux. Elles tenaient à en assurer la sécurité et à veiller à l'approvisionnement régulier[88].Parfois, on y procédait à quelques aménagements (multiplication de hangars ou creusement de rigoles autour de la place, désherbage fréquent des abords immédiats). En procédant ainsi, Angoulvant n'avait d'autre souci que celui de maintenir et accroître le mouvement commercial. C'est à partir de ce moment que les marchés commencèrent à se tenir quotidiennement et non de façon hebdomadaire.

Par ailleurs, la mise en place des nouveaux marchés n'était pas toujours systématique. Ainsi à Adzopé, en décembre 1909 fut réservé un espace pour servir d'approvisionnement ; en raison de soulèvement de la population et des opérations militaires de 1910, c'est finalement en 1911 que le marché fut ouvert.

2. L'AMELIORATION DU RESEAU ROUTIER

Angoulvant fit construire 2530 kilomètres de routes dont plus de 50 % réalisés avant 1914. C'étaient des pistes larges de 4 à 8 mètres dotés de pont en bois, justes utiles pour les longues files de porteurs. Sur les fleuves et les rivières importants, le bloc remplaçait la pirogue. La CFAO importa la première automobile en 1912 et un service de transport fonctionnait en 1916 entre Bingerville et Abidjan. Les routes ont facilité la liaison des postes[89].

Quant au rail, ce n'était pas Angoulvant qui lançait le programme[90]. Cependant, 1908 était l'année où le recrutement du rail fut le plus massif : 4000 tirailleurs dont plus de la moitié recrutés de force jusqu'à la suspension des travaux en 1913. La voie ferrée était, à ce moment-là à Bouaké, au PK 315. Entre

---

[88] P. KIPRE, *Les villes de Côte d'Ivoire 1893-1940*, T I, Abidjan. NEA, 1985, 238p.. pp. 150-151...
[89] H. YAYAT D'ALEPE, *Une économie coloniale de transition : la Côte d'Ivoire de 1893 à 1919*, Paris VII, 1979, 557 pp.73
[90] La construction d'une voie ferrée traversant la Côte d'Ivoire du Nord au Sud avait été envisagée dès 1895. Après plusieurs années d'études et de controverses quant au tracé exact de son parcours, les travaux commençaient ù Abidjan en Janvier 1904.

1910 et 1913, Angoulvant avait fait réaliser près de 200 kilomètres de voies de chemin de fer. Le 15 mars 1913, la gare de Bouaké était inaugurée en grande pompe par le gouverneur général William Ponty[91]. Tout comme les routes, le chemin de fer donnait lieu à un système de communication moderne[92].

---
[91]M. GOURIHI TITIRA, *Op.cit*, p. 149
[92]P.BIARNES. *Les Français en Afrique Noire de Richelieu à Mitterrand*. Paris, A. Colin, 1987, 448. p.202.

Troisième partie : LE RESULTAT DE L'ACTION D'ANGOULVANT (1908-1916)

La deuxième partie intitulée l'action d'Angoulvant en Côte d'Ivoire 1908-1916 nous a permis de voir sa détermination à conquérir la colonie de Côte d'Ivoire dans toute sa totalité.

Cette troisième et dernière partie est consacrée à l'étude des résultats de son action. Elle comprend deux chapitres.

Le premier montre la crise morale ou la rançon de la défaite.

Quant au second il présente le bilan économique et social.

CHAPITRE I : LA CRISE MORALE OU LA RANÇON DE LA DEFAITE

Angoulvant à son arrivée a posé des actes. Ces actes ont engendré une crise morale qui se manifeste à plusieurs niveaux.

I. LA PACIFICATION : UNE OPERATION AUX DEPENSES ACCABLANTES

Les dépenses de la pacification ont été accablantes. Cela se voyait au niveau du principe et de la réalité de la prise en charge d'une part et la contribution des populations d'autre part.

1. PRINCIPE ET REALITE DE LA PRISE EN CHARGE

Le principe de faire payer la colonie, contestable en soi, est à rechercher dans la loi des finances du 13 Avril 1900 dont l'article 33 énonce que « toutes les dépenses civiles et de la gendarmerie sont supportées en principe par les budgets des colonies ». Ce faisant, l'Etat se décharge sur les colonies de la première de ses obligations, celles d'assurer leur sécurité.

Dès 1910 pourtant, il semble que la question soit en voie de solution. En effet, par la circulaire n°48 du 6 Avril 1910, le commandement supérieur, dans un souci de clarté, proposait de ranger au titre des opérations de tournées de police, celles qui seraient décidées par le lieutenant - gouverneur et donc imputables au budget local ; au titre des opérations militaires celles décidées par le gouverneur général et dont la charge incomberait au budget général et enfin au titre des opérations de guerre, celles décidées par le ministre et dont les dépenses seraient imputées au budget colonial. Dans une colonie en cours de pacification, une opération de police destinée à châtier des récalcitrants, une simple tournée de perception d'impôts ou de recensement pouvait dégénérer, en affrontements aux conséquences imprévisibles tant la méfiance, la peur, la surexcitation mais aussi la susceptibilité étaient grandes et avaient particulièrement tendu le climat.

Dans ces conditions, à quel budget imputer les dépenses résultant d'une opération de police qui tourne à l'opération de guerre ? Au budget local, général ou colonial ?

En tant qu'opération de police au départ une telle dépense est imputable au budget local dont une partie non négligeable était depuis 1909 affectée à la création de brigades et à l'accroissement des effectifs des gardes de cercles. L'année 1909 voyait, en effet, de créer une seconde brigade forte comme la première de 160 hommes et 9 officiers et sous-officiers européens. Quant à l'effectif des gardes de cercles, il s'est élevé à 1030 hommes et les dépenses en résultant se chiffrent à 722 440 f CFA non compris les frais d'habillement, d'équipement et d'armement. S'y ajoutent 70.000 francs représentant les frais de création de deux nouvelles brigades indigènes. Ainsi, pour la seule année 1910 ce sont environ 1.500.000 francs qui ont été consacrés aux dépenses d'encadrement (non comprises celles des opérations et les soldes) sont près d'un sixième du budget.

L'année précédente, le budget local avait déjà dû faire face à des dépenses imprévues par suite de la mise à la charge de la colonie de dépenses d'opérations militaires qui auraient dû être supportées par le budget colonial[93]. Les tergiversations du département en la matière conduisirent à l'imputation systématique, par la suite de toutes les dépenses au budget local en violation de la loi car au terme de l'article 127 de la loi des finances du 13 Juillet 1911, en dehors des dépenses inscrites dans le budget général au local, nulle dépense ne pouvait être mise à la charge de ce budget si ce n'est en vertu d'une loi. D'un montant de 146000 francs, cette violation fit donc supporter au budget local l'essentiel des dépenses militaires de la colonie. Angoulvant pouvait alors signifier ce « fait sans précèdent dans les annales de notre occupation que de voir une colonie consacrée la plus grosse partie de ses ressources en sa propre conquête »[94].

Quelle est la part des populations dans les dépenses de la pacification ?

---

[93] R.P. ANOUMA, *op.cit*, P.117
[94] G. L. ANGOULVANT, *op.cit*, p.122

2. LA CONTRIBUTION DES POPULATIONS

Participant à travers l'impôt de capitation à l'alimentation du budget local, les populations ont donc fourni l'essentiel des moyens financiers de leur propre conquête. Outre cette participation à travers le budget à l'effort de conquête, leur contribution revêtit d'autre formes : réquisition et fourniture de vivres, prises diverses, amendes de guerre mais aussi confiscation de fusils sans indemnité ni remboursement du port d'armes.

De 1908 à 1910, les dépenses occasionnées par les colonnes de police se sont élevées à 1.200.000 francs environ dont la colonie réclamera, en vain, le remboursement à la métropole qui restera sourde laissant à la colonie le soin de régler ses dettes. Toutefois, fait remarquer Angoulvant, en août 1913, le département voulut bien reconnaître que les opérations poursuivies à la Côte d'Ivoire étaient non pas de simples opérations de polices, mais de véritables opérations de guerre et de ce fait imputables au budget colonial, qui en tout et pour tout, n'aura déboursé que 523.729,61 francs, ce qui représente le deuxième environ de ce que le budget local a supporté 1908 à 1913. C'est dire que la presque totalité des dépenses de pacification fut supportée par l'autochtone.

Tableau 1 : Les amendes de guerre infligées aux populations ivoiriennes.

DATE	TRIBU	MONTANT DE L'AMENDE
21 juin 1910	Akoués Baoulé-sud	44.850
	Osrou Lagune	75.000
	Dabou	66.766
	Abbeys	79.700
12 Octobre 1910.	Abbeys	18.760
21 Juin 1910	Attiés	18.200
12 Octobre		16.000
	N'Gbans Baoulé-Sud	98.000
	Séléfoués N'zi Comoé	39.500
25 Janvier 1911	Pays Ouellés	45.250
22 Févier 1911	Abbeys Lagunes	14.200
	Attiés	18.700
17 Juin 1911	Ouellés N'zi-Comoé	13.200
30 Septembre 1911	Agbas	91.600
25 Janvier 1912	Kango Sanan Baoulé Nord	3000
	Toumodi-Baoulé	2000
	Nananfoués-Kpris	20.000
	Yaourés Baoulé-Sud	43.550
	Ayaous Baoulé Nord	13.500
	Kodés	21.500

Source: G.LANGOULVANT, *Op. cit.* p.244

L'importance de cette contribution coloniale au regard de la part que le budget local a consacré aux dépenses de la conquête de 1910 à 1912, s'alourdit encore davantage quand on ajoute les amendes de guerre (voir tableau 1), 733276 francs imposés aux populations en application des articles 3 et 4 du décret du 21 novembre 1904. Les amendes de guerre se répartissent comme suit: 186400 francs pour le Baoulé -Sud; 297326 francs pour le Cercle de Lagunes ; 189550 francs pour le N'Zi Comoé et 60.000 francs pour Baoulé Nord (voir tableau 1).Ces articles visaient à faire participer les indigènes coupables de révolte aux paiements des dépenses exceptionnelles occasionnées par les colonnes répressives. L'opération commencée en Septembre 1909 a donné au 30 Avril 1915 les résultats ci-après.

Tableau 2 : Désarmement des populations ivoiriennes

Cercles	Districts	Nombre de fusils détruits	Total par Cercle	Nombre de fusils détruits antérieurement	Total général par Cercle
Assinie		16	16	185	204
Baoulé Nord				14694	14694
Baoulé Sud '				6771	6771
Bas Cavally				405	405
Bassam				1974	1974
Bas Sassandra	4			717	717
Bondoukou		351	351	631	982
Gouros		9	9	11	20
Haut Cavally	Secteur Ouebé-Guère	115			
	Dan-Guéré	53			
	Haut-Cavaliy	136			
	Moyen-Cavally		304	24062	24366
Haut-Sassandra				24205	24205
Indénié	Zaranou	136	177	555	727
	Assikasso	41			
Kong		87	87	2270	2357
Lagunes		12	12	10.509	10.521
La hou				8797	8797
N'Zi Comoé				3660	3660
Odiénné		58	58	2470	2528
Ouorodougou				8037	8037
Tagouanas				928	928
Touba				1036	1036 1

Source: G.LANGOULVANT, *Op. cit.* p.217

A l'analyse du tableau ci-dessus, il ressort qu'au total 112.926 fusils ont été arrachés aux mains des Ivoiriens.

Le désarmement n'a pas été une mesure préventive, mais la conséquence d'une situation qui n'est autre que l'état de guerre caractérisé[95]. Ainsi s'ouvrait pour ces hommes, désarmés et ruinés, une période de profonde prostration et un dénuement tel qu'ils durent accepter toutes les injonctions de l'autorité administrative. Car, c'étaient, explique Angoulvant, de leurs richesses accumulées qu'ils tiraient leur insolence, en les en privant, on les ramène à une altitude plus modeste et les incitait au travail qui était vu comme le seul moyen d'éducation des races dont l'évolution était à peine commencée. Angoulvant a décidé de faire procéder au désarmement complet des tribus dont l'habitat se trouvait dans la zone sylvestre afin de mettre un terme à la résistance opposée par les peuplades de la région forestière à l'occupation définitive du pays et, par la suite à sa mise en valeur[96].

Par ailleurs, la confiscation des fusils sans indemnité ni remboursement du port d'armes représentait, à raison de 20 francs le prix moyen de fusil et de 5 francs la taxe, un préjudice de près de 600.000 francs pour 1910. Si on compte en outre le total des fusils confisqués en 1914, on aboutit à un prélèvement de près de 2.800.000 francs[97]. Cependant la taxe sur les armes variait selon les années. En 1909 et 1910 elle était de 180.000 francs, soit le montant de 36.000 fusils. Bien avant, les recettes effectuées pour un seul trimestre en 1908, se sont élevées à 119.000 francs. En 1911, la taxe sur les armes était de 30.000 francs soit une différence de 150.000 francs sur 1910. Cela résultait selon Angoulvant de la suppression de la taxe sur les armes dans les circonscriptions où a été effectué le désarmement. En un mot, les opérations de pacification ont connu une véritable contribution financière des Africains. La pacification a engendré aussi des destructions matérielles et humaines.

---

[95] G.LANGOULVANT, *Op.cit*, p.219
[96] Ibidem
[97] J. SURET-CANALE, *Afrique noire occidentale et centrale, Tome II, l'ère coloniale 1900-1945*, Paris, éditions sociales, 1964, 637P.135

II. LES DESTRUCTIONS MATERIELLES ET HUMAINES

Les destructions matérielles, les mauvais traitements et les pertes humaines, la décapitation de la hiérarchie traditionnelle sont les bouleversements politiques et sociaux entraînés par l'action d'Angoulvant.

1. LES DESTRUCTIONS MATERIELLES

La conquête coloniale avec Angoulvant a détruit les bases matérielles de la société ivoirienne.

Au premier rang nous avons la destruction des campements et de leur regroupement en villages. Plusieurs raisons en étaient à l'origine. Nous avons entre autres les disputes avec le chef, persistance des instincts ataviques d'indépendance[98]. Par ailleurs comment Angoulvant explique-t-il cette psychose de destruction? Par le fait dit-il, qu'il n'est pas toujours facile d'obtenir cette modération dans la répression. Puis citant Jules Harmand, il fait observer que la destruction est un instinct naturel à l'homme de guerre ; c'est la manifestation de sa volonté de puissance et il est difficile de l'empêcher. Il faut n'avoir jamais fait la guerre pour ne pas le comprendre. C'est donc tout naturellement qu'il affirma que « casser un village ne signifie rien »[99].

En réalité l'objectif visé était de contraindre les populations à s'établir dans les villages installes à proximité des postes ou des routes afin de faciliter les contrôles administratifs, la perception des taxes, l'imposition des prestations et du travail forcé. C'est ainsi que les villages, les campements et les champs et cultures ont été détruits[100].

Dans le seul pays Gouro, 3271 campements ont été détruits. Dispersés en 247 campements, les Akoués ont été regroupés en 17 villages. Quant aux Ngbans, il n'avait plus que 47 villages situés près de la route au lieu de 312 campements en

---
[98] G.L.ANGOULVANT, *Op.cit*, p.216
[99] Ibidem, p. 194
[100] J.N. LOUCOU, *Op.cit*, P.122

forêt[101].

Nous avons également les mauvais traitements et les pertes humaines.

2. LES MAUVAIS TRAITEMENTS ET LES PERTES HUMAINES.

Les mauvais traitements étaient liés aux conditions de travail d'une part et aux recrutements d'autre part.

Elles sont peu élevées pour les troupes coloniales sur 5000 hommes mobilisés pour la conquête, on dénombre quelques centaines de tués et de blessés. Pendant la période « d'action vive» Angoulvant donne le chiffre de 86 tués et 349 blessés[102]

Par ailleurs, entre 1909 et 1911, les troupes françaises dénombrent dans leurs rangs 97 morts et 445 blessés graves[103]. De Janvier à Septembre 1912 dans la région de Séria (haut Sassandra), il a été consommé 20 000 cartouches pendant 9 mois d'opération et presqu'autant du 1er octobre 1912 au 1er Novembre 1913.

Quant aux recrutements, ils se sont manifestés un peu partout dans la colonie. Ils furent une véritable chasse à homme. La faiblesse des engagements volontaires démontre le peu d'intérêt que portaient les populations et corrélativement la pression qu'il a fallu exercer pour réunir le contingent demandé. Sur 150 recrues fournies par le cercle de Kong par exemple, il n'eut que 22 engagés volontaires, 5 sur 70 pour le cercle de Touba, 13 sur 57 pour le cercle du baoulé nord, encore s'agissait-il d'une colonie bien en main ! En définitive, la colonie fournie 842 recrues dont 546 appelés et 296 engagés volontaires.

Avant la première guerre mondiale les recrues étaient pour la plupart destinées aux prestations et aux chantiers. Dès la date de 1914, à l'instar de toutes les colonies de l'AOF, la colonie de Côte d'Ivoire fournissait des hommes pour aller combattre aux côtés de la France. Lors du recrutement de Janvier à avril 1915, connu au niveau de l'AOF sous l'appellation de «recrutement de 10 000 hommes »,

---

[101] G.L ANGOULVANT, *Op.cit*, pp.212-216
[102] J.N. LOUCOU, *Op.cit*, p.122
[103] P.KIPRE, *Op.cit*.p.113

la côte d'ivoire, appelée à recruter 1000 hommes, en fournit 1800 soit presque le double de ce qui était demandé. Lors du recrutement suivant dit de « 5000 hommes » qui eut lieu de .mai à juin1915, la colonie fournit 1619 sur les 1200 demandées[104]. A ce propos, Angoulvant fait observer qu'« on ne peut vraiment pas qualifier de volontaire les individus provenant des rafles opérées dans les agglomérations indigènes des grands centres. On peut encore moins considérer comme tels les gens qui sont amenés la corde au cou de la région militaire et du cercle des Gouro[105]. »

Le recrutement d'octobre 1915à avril 1916intervintdans des circonstances particulières. Il procède des difficultés rencontrées sur le front. Cela laissait apparaître plus que jamais un besoin urgent en hommes. Cette situation explique particulièrement le chiffre important que représente les 50000 hommes qui étaient réclamés par l'AOF. Sur cet effectif global la colonie fournit 7885 hommes lorsqu'on lui demandait 6520 soit une différence de 1365 hommes en prévision d'éventuelles défections. En somme durant la première guerre mondiale la Côte d'Ivoire fournit six contingents de tirailleurs, soit 22944 hommes dont 18790 sont allés au front[106]. Il faut noter qu'au moins 10% des recrutés ne revenaient pas de la guerre.

Les pertes humaines ont donc affecté gravement la démographie. Ainsi si l'on en croit les estimations des administrateurs coloniaux, la population baoulés qui étaient de 650000 à 1000000 d'habitant entre 1900 et 1902, se situe entre 225000 et 260000 habitants en 1916[107]. Ces chiffres donnent une idée de la catastrophe démographique qu'a représentée l'action d'Angoulvant.

La hiérarchie traditionnelle a elle aussi été victime de l'action d'Angoulvant.

3. LA DECAPITATION DE LA HIERARCHIE TRADITIONNELLE.

La décapitation de la hiérarchie traditionnelle apparaît comme la conséquence implicite de la défaite des populations dans la mesure où les

---

[104] D. DOMERGUE, Op.cit., p362
[105] P. KIPRE, Op.cit., p. 165
[106] J. NLOUC'OU, Op.cit.p. 131
[107] Ibidem, p.66

mouvements de résistance furent menés par les chefs plus ou moins puissants et influents. Or, le général Gallieni dont la politique influença fortement l'action d'Angoulvant qui affirmait le 22 mai 1898 que «l'élément essentiellement nuisible est fourni par les chefs rebelles insoumis, autour desquels il faut faire le vide, par des coups répétés et incessant jusqu'à leur disparition complète.»Les chefs ivoiriens représentaient un obstacle à la conquête française. Ce sont eux qui mobilisaient leurs administrés à cette fin. C'est pourquoi « l'internement se conçoit lorsqu'il s'agit de débarrasser momentanément la colonie d'un grand chef ou d'un féticheur célèbre qui emploie son influence à saper la nôtre ou dont la présence retarde, contrarie notre installation, menace notre occupation.»[108]

Il est donc clair que les chefs coupables à des degrés divers d'avoir fomenté, organisé ou entretenu une rébellion contre l'autorité française sont exécutés, emprisonnés ou déportés. Mais il faut dire que les peine s'infligées au meneur de troubles variaient. Lorsque la peine était jugée très grave, l'intervenant se faisait en dehors de la colonie pour dix ans au moins. Quant aux peines jugées graves elles étaient purgées en dehors du cercle pour une durée allant de trois à dix ans[109].

De novembre 1908 à Novembre 1912 soit en quatre ans le nombre de déportés s'élevait à 220, dont 107 du cercle du N'zi-comoé, 52 du cercle du Baoulé sud, 24 du cercle des Lagunes, 23 du Baoulé Nord, 10 du Lahou, 2 du GoLiro» l'Assinie et 1 à Man[110].Cela a eu des conséquences.

En effet, le vide créé par la disparition des chefs traditionnels se ressent lorsqu'on fait référence au rôle de ces derniers dans la vie intime du Noir. Chez les Agni par exemple, le roi était le premier prêtre des génies protecteurs et des ancêtres, en un mot l'âme du peuple, il était identifié à DIEU. Imagine/ une population privée de ses guides et de ses intermédiaires avec les forces surnaturelles qu'elle redoute, elle perd comme le ressort qui sustentait sa vie et rythmait son existence. Par ailleurs les

---

[108]P.KIPRE, *Op.cit*, p.66
[109]ANCI 2EE (2), Tribu des Kodè : Proposition des peines à infliger aux mesures de la révolte
[110]G.L. ANGOULVANT, *Op.cit*, pp.238-239

conditions d'internement s'avéraient très pénibles si l'on s'en tient à Partit le 2 des conditions d'internement : « il sera alloué à chaque indigène [...] une pension de 20 francs par mois pour assurer sa subsistance pendant la période de son internement. »[111]

Certes, tous les chefs n'ont pas disparu dans la tourmente, mais brutalisés et bafoués sous les yeux de tous, ils perdirent le prestige et l'autorité qui s'attachaient à leur personne.[112]

Quel a été le bilan économique administratif et social de l'action d'Angoulvant ?

---
[111] G.CANGAH et S.P. EKANZA, *La Côte d'Ivoire par les textes de l'aube de la colonisation à nos jours* Abidjan, NEA, 1978, 237p, p. 102
[112] R.PANOUMA, *op-cit.* pp.128-129,

CHAPITRE II : LE BILAN ECONOMIQUE, ADMINISTRATIF ET SOCIAL

Outre les pertes matérielles et humaines, l'action d'Angoulvant a produit des résultats d'ordre économique, administratif, et social.

I. LA MISE EN VALEUR ECONOMIQUE

Nous étudierons tour à tour la balance économique et l'impact de l'amélioration des infrastructures de communication.

1. UNE BALANCE COMMERCIALE DEFICITAIRE

Le rapprochement des tableaux des importations et des exportations, montre que la balance commerciale a été déficitaire sous le gouvernorat d'Angoulvant.

Tableau 3 : **Les Importations en milliers de francs**

Année	1908	1909	1910	1911	1912	1913	1914
Total des importations	13356	10433	14752	18952	17534	18254	11385
France	6208	4982	5237	6975	6316	6739	5454
	46,48 %	47,75%	35,50%	36,80%	36%	37%	47,9%
Angleterre	5616	4134	7787	8744	7200	6786	3736
	42,04%	31,62%	52,78%	46,11%	41,10%	37,40%	32,82%
Allemagne	1532	1317	1728	3233	2333	2923	M 107
	11,47%	12,62%	11,71	17,05%	13,30%	16,20%	9,7%

Source : R.P.ANOUMA, *Aux origines de la nation ivoirienne S 893-1946*, Paris, l'Harmattan, 2005, vol.1, 283 p., p. 150

Tableau 4 : **Les exportations en milliers de francs**

Année	1908	1909	1910	1911	1912	1913	1914
Total des exportations	10854	11785	15750	18243	17616	16402	8656
Caoutchouc	3754	6819	10906	9888	8256	4684	517
Bois (acajou)	2793	800	689	2262	2896	5012	3265
Amende de palme	1031	1090	1139	1589	1768	2497	1925
Huile de palme	3000	2866	2680	4063	3727	3022	2099

Source : R.P.ANOUMA, ,*Op.cit*,p .160

Les importations portent sur les produits de consommation courante, produit alimentaire tel que le ri£, la farine, le sucre, le sel, les produits de toilettes ou d'habillement ou encore de matériel de construction. Ils provenaient de la France, de l'Angleterre mais aussi de l'Allemagne, (voir tableau 3).

Si l'Angleterre s'affirme comme le principal fournisseur de la colonie pour les produits comme la farine le sel, les tissus, c'est-à-dire les produits de consommation courante et très recherchés, la France ne vient au premier rang que pour le riz et les ouvrages en métaux, ce qui est peu pour la nation colonisatrice.

Quant aux exportations des colonies, elles portaient sur plusieurs produits dont les principaux étaient au nombre de quatre : il s'agit du caoutchouc, du bois en particulier de l'acajou, des amandes et de l'huile de palme (voir tableau 4).

En comparant les tableaux des valeurs des exportations et des importations, on constate que hormis les années 1909 et 1912 pour lesquelles on observe un excédent des valeurs des exportations sur les importations respectivement 1.352.000 francs et 82.000 francs, les autres années présentent

Des déficits assez importants qui sont de : 2.502.000 francs en 1908 ; 709 francs en 1911.

Fn 1913 et 1914, la différence de la valeur entre les importations et les exportations respectivement de 2.352.000 francs et 2.820.000 en 1914ont conduit les autorités locales à recourir à la caisse clé réserve, signe de difficultés que rencontre le budget local pour s'équilibrer et qui expliquait l'impatience du gouverneur Angoulvant d'en finir avec les mouvements de résistance.

Par ailleurs, un autre tableau met en exergue le caractère déficitaire de cette balance commerciale, mais cette fois il est question du commerce d'une manière générale.

Tableau 5 : Commerce générale de 1908 à 1916(en milliersde francs français)

Années	Import	Export
1908	14.223	10.854
1909	11.192	11.787
1910	16.049	15.749
1911	20.566	18.242
1912	17.534	17.615
1913	18.154	16.401
1914	11.385	7.836
1915	7.161	7.178
1916	11.546	9.344

Source: A.VITAUX et A. DOULOUROU, *Histoire des douanes Ivoiriennes* 1889 - 1989 Abidjan, 1PNETP, 1989, 366 P Annexe 1 1 , XXXIII

Graphique 1 : **Courbe des importations et des exportations**

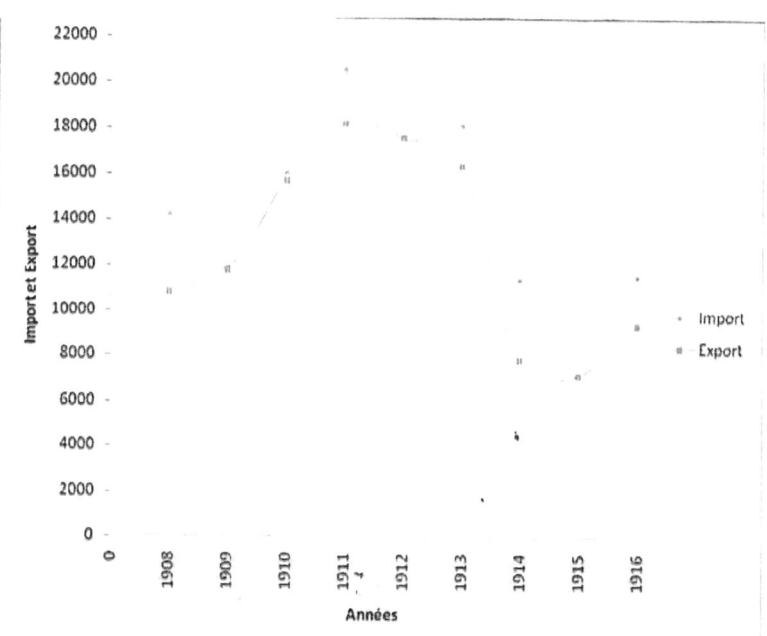

Echelle :

1 cm - 1 an

1 cm = 1.000.000 francs ou 2.000.000 francs

Le graphique ci-dessus est la courbe de l'évolution du commerce général en Côte d'Ivoire de 1908 à 1916 en francs français.

En analysant les importations et les exportations, on se rend compte que les importations dominent largement. Sur un total de huit ans, seulement deux d'entre elles (1909-1912) présentent un taux d'exportation supérieur à l'importation.

De ce graphique, il ressort que la balance commerciale à l'époque d'Angoulvant était déficitaire. Quel a été l'impact des infrastructures de communication ?

2. L'IMPACT DES INFRASTRUCTURES DE COMMUNICATION

Dans le cadre de la mise en valeur, les infrastructures de communication ont joué plusieurs rôles.

Dans un premier temps ils ont permis à la colonie d'obtenir des devises.

Il existait deux types de transport qui sont le transport administratif et le transport du commerce.

Au total pour le seul mois de mai sur un trajet allant d'Abidjan à Dimbokro, les recettes du chemin de fer étaient de 50.747 francs. Ce qui donne exactement la somme de 608.964 francs par an pour l'année 1910.[113]

Ensuite le chemin de fer est passé pour être le meilleur instrument de pénétration et de pacification. Il a exercé une influence profonde sur révolution politique, administrative, économique et sociale sur la Côte d'Ivoire.[114] Il permettait avec les routes, l'écoulement des produits importés dans l'hinterland et le drainage des produits agricoles vers les wharfs. Ces voies de communication permettaient le désenclavement des régions. Elles étaient désormais contrôlées politiquement, ouvertes au commerce. Sur ce dernier point, les idées d'Angoulvant sont précises : « le rail doit être l'épine dorsale d'un système de postes d'évacuation des produits de la colonie.»[115]

A côté de la mise en valeur économique nous avons l'impact de l'action d'Angoulvant dans les domaines administratif et social.

II. LE RESULTAT ADMINISTRATIF ET SOCIAL

Nous analyserons ici tour à tour les domaines administratif et de l'éducation.

1. LES RESULTATS ADMINISTRATIFS

La pacification de la Côte d'Ivoire a abouti à une réduction du nombre

---

[113] *Journal officiel de Côte d'Ivoire*.1911. p. 133
[114] Z. SEMI-BI, *La politique coloniale des travaux publics en Côte d'Ivoire(1900-1940)*, Université de Paris VII.1973.386p.p. 161
[115] P.KIPRE, *Op.cit*,pp.133

de poste. S'il était nécessaire d'avoir de nombreux postes au début de l'occupation pour maintenir un contact étroit avec les populations, il était nécessaire d'en supprimer au fur et à mesure que s'améliorent les conditions d'approvisionnements des indigènes[116]. C'est par ces mots qu'Angoulvant justifiait ces propositions de réorganisation administrative de l'Indenié.

De fait lorsque la première guerre mondiale éclata et que commença la mobilisation générale en Août 1914, plusieurs administrateurs et surtout plusieurs officiers (ou sous-officiers) devaient quitter la colonie. En raison de la soumission de certains groupes, l'on pouvait évacuer quelques postes jugés peu indispensables. Sauf dans les secteurs où se poursuivaient les opérations militaires (région de Guiglo-Taï par exemple), la plupart des postes provisoires sont fermés après Août 1914.

Mais au-delà de ces mesures de circonstance, les raisons d'une telle évolution étaient essentiellement économiques. Il s'agissait d'une part, de ne maintenir de postes que dans les régions susceptibles d'être exploiter de façon rentable.

Différents rapports les ont présenté comme étant riches en produits exportables tels que le caoutchouc, le bois, le coton, la cola ou alors en mesure de recevoir des cultures industrielles telles que le café et le cacao[117].

Aussi, là où une occupation ancienne a montré la faiblesse de la production locale, il fallait par économie, supprimer des postes. Ainsi est supprimé le poste de Zaranou en 1915, dont la région était peu peuplée et où le commerce de traite autant que les impôts étaient à un niveau peu satisfaisant pour les autorités coloniales ;

---

[116]Lettre du Gouverneur de la Côte d'Ivoire au Gouverneur Général de l'AOF en date du 15 Juillet 1915. ANS
Dépôt microfilmé A NCI.5665, cité par P. KI PRE, *Op.cit*, p. 133
[117]P. KIPRE, , *Op.cit*,, p.133

celui d'Agnibilékro[118] l'est également. Ces deux postes ont été remplacés par un seul qui fut établit à Abengourou[119]. Cette agglomération avait une position centrale que les deux précédents ; l'on pouvait également la relier plus facilement à Adzopé et à Agboville sur le rail. Son sol y était propice à la culture du cacao.[120]

Outre la réduction des postes nous assistons à l'amorce du retour à l'administration civile. En effet, au 31 décembre 1915, sur les 19 cercles de la colonie, 18 sont civils et un seul militaire. Les cercles civils sont : Assinie, Bassam, Lagunes, Lahou, Bas-Sassandra, Bas-Cavally, Indénié, Bondoukou, Nzi-Comoé, Baoulé Nord, Baoulé-Sud, Gouro, Ouorodougou, Haut-Sassandra, Touba. Odienné, Tagouanas, Kong. Le Bas-Cavally était le seul cercle militaire.[121]

En fait cette prépondérance des cercles civils était la preuve manifeste de l'accomplissement de la tâche d'Angoulvant. C'est le cas du pays Gouro et du secteur militaire Dida dont les modifications remontent à l'arrêté général du 25 Novembre 1912. Le premier, pacifié était désormais soustrait de la Région militaire et devenait le « cercle des Gouro » avec chef-lieu à Bouaflé et poste Bouaflé, Zenoula, Sinfra, Oumé. Le second, soumis, était supprimé et le pays Dida était rattaché désormais au cercle de Lahou.[122]

Toutes ces raisons motivèrent Angoulvant à affirmer dès 1915 que la Côte d'Ivoire pouvait être considérée comme totalement pacifiée.

L'action d'Angoulvant a abouti aussi à une amélioration du volet social notamment au niveau de renseignement.

---

[118] A l'époque, le poste d'Agnibilékro correspondait à celui de l'Assikasso
[119] Dans son rapport à 363 GP du 26 avril 1915, Angoulvant indique avec précision ses raisons, jusque vers 1911, Zaranou était l'une des têtes les plus florissantes de la route caravanière reliant la côte aux régions du Nord. Mais peu à peu les colporteurs commencent à abandonner cette voie parce que les lianes de latex qui étaient plus exploitées au Nord se font rares ; les prix du caoutchouc baissent et donc le mouvement commercial tend à s'orienter vers les produits comme le cacao et le café qui apparaissent autour d'Abengourou. Cité par P. KIPRE,, *Op.cit*, p133.
[120] P. KIPRE., *Op.cit*, p. 133
[121] G. L. ANGOULVANT., *Op.cit*, pp. 100-101
[122] *Journal officiel de Côte d'Ivoire*. 1913, p.69.

2. LES PROGRES LIES A L'ENSEIGNEMENT

Bien entendu, l'époque d'Angoulvant n'innove pas en la matière ; les premières écoles apparaissent à la fin du dernier siècle[123], et en 1908, la colonie en compte déjà une dizaine.

Cependant, c'est Angoulvant qui accéléra le mouvement. Dans la seule année de 1910, quinze écoles de villages sont ouvertes. Il s'agissait d'Assinie, Bonoua, Bouaké, Dimbokro, Toumodi, Zaranou, Mankono, Béoumi, Bérély, Soubré. Assikasso-Agnibilékro, Krinjabo, Bonzi, Danané, Dabou et un orphelinat à Bingerville.[124]

Dans les régions occupées par l'administration militaire, la plupart sont tenues par des sous-officiers. Dans un arrêté du 26 Janvier 1910, on va jusqu'à créer des cours pour adultes dans des centres administratifs comme Abidjan, Bassam. Aboisso, Lahou. En 1914 on comptait 2816 élèves en Côte d'Ivoire pour seulement 500 élèves en 1907[125].

En outre les crédits alloués à l'enseignement qui étaient de 37000 francs avant la pacification se sont élevés à 255000 francs en 1913. A cette époque également la colonie disposait d'un groupe scolaire central installé au chef-lieu, de seize écoles régionales, de quarante-six écoles de village, soit au total soixante-quinze formations scolaires pour seulement vingt-sept écoles en 1907.

L'expansion de l'enseignement visait à constituer un groupe social dont l'activité professionnelle était en liaison étroite avec l'œuvre de colonisation et qui voyait dans le colonisateur un modèle à reproduire. Les élèves issus de la formation devenaient des agents de la civilisation française. La conquête des esprits souhaités par Angoulvant sera principalement leur fait, par leur manière d'être, à travers leur modèle de vie.[126]

---

[123]La première école lut fondée en 1887 à Elima dans la région d'Aboisso
[124]Les écoles sont laïques depuis la loi de séparation de l'Eglise et l'Etat en 1905.
[125]P. KIPRE, , *Op.cit*,p.63
[126] R. P ANOUMA,*Op.cit, p.* 151

CONCLUSION

Notre étude est une contribution à l'histoire coloniale de la Côte d'Ivoire. Elle nous a permis de nous pencher sur une période incontournable de l'histoire de ce pays. Cette importance est liée de politique coloniale.

La pénétration pacifique donnait une fausse idée de la France et de ses intentions. Elle entretenait chez les autochtones l'esprit d'indépendance, l'arrogance et le sentiment d'une préférence éphémère des Français, comme aux époques passées. Or il importait que les indigènes sachent une fois pour de bon que les Français, non seulement entendaient rester mais également devenir les maîtres du pays.

Au cours de la période d'Angoulvant, la France avait rompu avec les idées de Binger. Cela résultait moins de la forte personnalité et de la philosophie personnelle d'Angoulvant que d'une situation dans laquelle les considérations économiques jouaient un rôle de premier plan.

Les Ivoiriens opposèrent une résistance active en prenant les armes contre les envahisseurs. Cependant, cette résistance fut vaincue, à cause des faiblesses politiques et militaires. A cette faiblesse s'opposait la performance de l'armement des troupes d'Angoulvant En trois grandes phases, il parvint à conquérir en seulement huit ans un espace plus large que celui conquis par ses prédécesseurs en quinze ans.

La lecture de la situation nous permet d'établir un lien de gradation ascendante entre ces différentes phases. La première, celle des à-coups se bornait à avorter tous les embryons de résistances qui se signalaient.

Quant à la seconde, celle de l'action vive, elle consistait à effectuer des déplacements militaires vers toutes les zones sans attendre la remarque d'une quelconque résistance.

Enfin, pendant la troisième, celle des tâches d'huile, une fois la zone conquise, il était de s'assurer, de renforcer la présence française notamment par les instances administratives avant de progresser.

Ce résultat prodigieux et spectaculaire est lié à la nature même de l'action d'Angoulvant.

En effet, celle-ci était essentiellement basée sur la violence. Dans le domaine économique il s'est appuyé sur la contrainte comme principe. Il imposa entre autre la monnaie française, la fréquentation des marchés construits par lui, le rehaussement de l'impôt de capitation, les cultures agricoles. Le choix d'Angoulvant ne relevait pas du hasard. Elève brillant de l'école coloniale, il avait déjà acquis une bonne expérience professionnelle en matière de gestion d'une colonie. S'ajoute son désir d'imiter le Général Gallieni selon lequel, la négociation et le dialogue n'ont pas leur place en matière coloniale.

A l'instar de tout affrontement militaire, les opérations d'Angoulvant ont occasionné des pertes humaines et matérielles considérables qui conduisirent à la destruction des bases des sociétés précoloniales. Mieux, le gouvernorat d'Angoulvant a été l'une des pages les plus sombres de l'histoire de notre pays, une trace vraiment inoubliable.

Mais au-delà de toute autre forme d'interprétation, nous pensons que sans vouloir enlever à ce disciple de Gallieni la part qui lui revient dans le modelage du pays, la Côte d'Ivoire était prête à accueillir en 1908 son Angoulvant.

Ce qui nous fascine chez lui, c'est surtout la franchise avec laquelle il mena son action.

En effet, à la différence de ses prédécesseurs, il eut le courage d'expliciter clairement sa méthode de conquête et de gestion. Quant à ces derniers ils cachèrent leurs intentions réelles qui loin d'être de collaborer avec les Ivoiriens étaient plutôt de les soumettre et les dominer.

Néanmoins, si dès 1916 Angoulvant quitte la Côte d'Ivoire pour l'AOF, il est important de retenir que sa thèse selon laquelle en 1915 la Côte d'Ivoire pouvait être considérée comme pacifiée ne rimait pas tout à fait avec le décor du territoire ivoirien. Cette thèse est très tôt battue en brèche par des actes d'insubordination et des foyers de tension qui se multipliaient encore dans certains endroits de la colonie.

C'est pourquoi, après même le départ d'Angoulvant, d'autres gouverneurs se succédèrent à la tête de la colonie jusqu'à l'indépendance. Ces derniers peuvent quant à eux, faire l'objet de réflexions.

TABLE DES ILLUSTRATIONS

Liste des Photos

Photo 1 : Le Lieutenant-gouverneur Angoulvant .... - 4 -

Liste des cartes

Carte 1 : Situation politique de la Côte d'Ivoire au 1er mai 1908 20

Liste des tableaux

Tableau 1 : Les amendes de guerre infligées aux populations ivoiriennes 59
Tableau 2 : Désarmement des populations ivoiriennes 61
Tableau 3 : Les Importations en milliers de francs 68
Tableau 4 : Les exportations en milliers de francs 69
Tableau 5 : Commerce générale de 1908 à 1916 (en milliersde francs français) 70

Liste des graphiques

Graphique 1: Courbe des importations et des exportations 71

SOURCES ET BIBLIOGRAPHIE

I-SOURCES

1. Sources d'archives

Série BB

ANCI, 1BB 65- Registre des télégrammes adressés au directeur du chemin de fer à Abidjan du 11-8-1908 au 18-7-1914.

ANCI, 1BB 70- Registre des télégrammes départ du 11 août 1908 au 16 avril 1916.

ANCI, 1BB 72- Registre des télégrammes adressés au sous-intendant militaire à Lahou puis à Abidjan du 14-08-1908 au 29-12-1918.

ANCI, 1BB73- Registre des télégrammes à adressés à l'administration du cercle de Sassandra du 10-10-1908 au 18-7-1918.

ANCI, 1BB76- Registre des télégrammes adressés au commandant de cercle du Worodougou puis de Séguéla du 26-08-1918 au 31-12-1921.

ANC, 1BB 90- Copie de la correspondance adressé au gouvernement général de l'AOF.1911.

ANCI, 1BB 98- Copie de la correspondance départ janvier 1912.

ANCI, 1BB 380- Registre des télégrammes reçus du cercle du Baoulé 10-OS-1908 au 1er -10-1912.

ANCI, 1BB 383 Registre des télégrammes reçus du cercle du Bas-Cavally du 10-08-1908 au 15-04-1914.

ANCI, 1BB389- Registre de télégrammes reçus des services du 12-08-1908 au 1er-02-1916.

SERIE DD

ANCI, 1DD366 Mission Marchand, correspondance et rapport au gouverneur de la Côte d'Ivoire. Correspondance du gouverneur le 8 mai à l'administrateur de Grand-Lahou.

ANCI, 1 DD 36-Mission Marchand, correspondance et rapport au Gouverneur de Côte d'Ivoire 1893-1894. Correspondance du gouverneur de Grand-Bassam le 20 juin 1893 à Poléguin administrateur de Grand-Lahouen mission à Tiassalé.

Série EE

ANCI, 1 EE(2) - Minute des rapports d'instruction de correspondances destinées aux chefs de poste, aux administrateurs de cercles et aux chefs des divers services. 1907-1908.

ANCI, 1EE2(3)- Arrêté d'instructions du Lieutenant-Gouverneur aux commandants de cercles au sujet de l'entretien des lignes télégraphiques : 1908.

ANCI, 1EE2(6)- Circulaire relative à la fixation des limites territoriales des circonscriptions administratives. 1911.

ANCI,1EE2(9)- Instructions relatives à l'administration des cercles: 1912-1919.

ANCI, 1EE7(3)- Programmes de pacification et instructions relatives aux opérations militaires en Côte d'Ivoire: 1908- 1910.

ANCI, 1EE7(2) - Dossier relatif à la pacification de la Côte d'Ivoire : 1908-1910.

ANCI, 1 EE7(4)- Commandement militaire, tableau des opérations militaires effectués dans les cercles : 1908-1912.

ANCI, 1EE7(5)- Dossier relatif aux problèmes des effectifs militaires à utiliser sur le Bandana et aux pays Dida : 1909-1910.

ANCI, 1EE 122(7)-Compte rendu de la prise d'Ousrou et ses conséquences.

ANCI,1EE160(4)-Rapport du chef de bataillon Noire sur les opérations en pays Nyan.

ANCI, 2EE (5)4-Affaire Gourgas. Correspondance et rapports relatifs à L'internement à Kaedi des assassins présumés de Gourgas.

SERIENN.

ANCI,1 NN5 (1) -Rapport d'ensemble du chef de bataillon Bordeau sur les opérations exécutées dans le cercle du Haut-Cavally du 15 janvier au 1 2 mai 19.

ANCI, 1NN5(2)-lettre du gouverneur général de l'Afrique occidentale à Monsieur chef de bataillon Noguès, commandant les détachements de la Côte d'Ivoire, Grand-Bassam, le 18 février 1910.

ANCI,1NN5 (2)-Rapport d'ensemble du chef de bataillon Maritz sur les opérations de la colonne des Agbas du 1^{el}juilletau 1^{er}décembre 1910.

ANCI,1 NN 7(1) -rapport du lieutenant-colonel Valton commandant militaire de la Côte d'Ivoire sur les opérations effectuées par le 2^{ème}bataillondu régiment et conduites par le chef de bataillon Noire, dans le cercle militaire du Haut-Sassandra pendant l'année1912.

SERIE QQ

ANCI,1QQ (916)-registre des télégrammes reçus du cercle des Tagouanas

2-Sources imprimées.

ANGOULVANT (G.L),*La pacification de la Côte d'Ivoire 1908-1915Méthodes et résultat*, Paris, Larose, 1916 395 p.

II-BIBLIOGRAPHIE

1 - Instruments de travail

AJAYI (I.F.A)et CROWDER (N), *Atlas historique de l'Afrique*, adaptation française de VIDROVITCH et. LACLAVERE, Edition, Jaguar, 1989.

Atlas de Côte d'Ivoire. Ministère du plan, (OSTROM) Université d'Abidjan,

Atlas grand Larousse, Paris librairie Larousse, 1959, 456 p.

BORREMANS R., *Le grand dictionnaire encyclopédique de Côte d'Ivoire*, tome 1, Abidjan, NEA, 1986,287p.)

KIPRE(P)S/D, *Mémorial de la Cote d'Ivoire: la Côte d'Ivoire coloniale*, Tome 2, Abidjan, Edition AMI,1987, 303 p.

LOUCOU (J.N.), *Bibliographie de l'histoire de la Côte d'Ivoire*, Abidjan, Département d'Histoire, 1982,133

TAMARA (A.P.), *Bibliographique de la côte d'Ivoire*, Abidjan, Annales de l'Université de Côte d'Ivoire, 1986, 636 p

2-Ouvrages généraux

AMON D'ABY(F.J.),*La Côte d'Ivoire dans la cité africaine*, Paris , Larose, 1951, 206 p.

BALANDIER (G.), *L'Afrique ambiguë*, Paris Librairie Pion,1957, 296 p.

BESSON (M.), *Histoire des Colonies française*, Paris, Ancienne librairie, Fumes Bovin et Compagnie, 404 p.

BOAHEN (A.)S/D, Histoire générale de l'Afrique ; tome VII,L'Afrique sous domination coloniale 1880- 1935, éditions abrégées, Présence Africaine, Edicef, UNESCO, 1998, 544 p.

BOUCHE (P.).*Histoire de la colonisation française*, tome 2, Flux et reflux 1815 1962, Paris, Fayard, 1991, 614 p.

BRUNSCHWIG (H.),*Mythes et réalités de l'impérialisme colonial français 1870- 1914*,Paris, Paris, Armand Colin, 1960. 205 pl

COQUFRY VIDROVITCH (S/D),*L'Afrique occidentale au temps des français : colonisateurs et colonisés 1860-1960*, Paris la Découverte, 1992,464p. , *L'Afrique noire de 1800 à nos jours*, Paris. PUF, 1974,463p.

COQUERY- VIDROVITCH (C.) et MONIOT (H.), *L'Afrique noire de 1800 à nos jours*, (3ème édition), Paris, P.1992,502p.

COSNIER (H.),l'Ouest *africain français*, Paris, Larose, 1921,255p.

DESANTI (D.),*La Côte d'ivoire*, Lausanne, Rencontre, 1962, 291 p.

DESCHAMPS (H.),*Histoire générale de l'Afrique noire: 1800 à nos jours*, T2,Paris, PUF, 1971 720 p., *Les méthodes et doctrines coloniales du XIX°siècle à nos jours*, Paris, Armand colin, 1953, 22 DUPREY (P.),*La Côte d'Ivoire de A à Z*, Paris, France Impression, Dakar, Abidjan, 1977, 128p.

GANIAGE (J.)-*L'expansion coloniale de la France sous la 3ème République (1871-1914)*,Paris, Payot, 1968,434 p.

GUILLAUME (P.),*Le monde colonial XIX - XX° siècle*, Paris, Armand colin, 1974, 294p.

M'BOKOLO (E.),*Afrique noire, histoire et civilisation XIX° - XX° siècle*, tome 2, Paris, Hâtier- AUPELF, 1992 , 576 p.

MERCKER (M.),*Le temps colonial*, Nice, NEA, 1980, 263 p.

MEYER (J.)TANADE (J.)et al. , *Histoire de la France coloniale,T1*,

Desorigines à 1914,Paris, Armand Colin,1992, 846 p.

SARRAUT (A.), La *mise en valeur des colonies françaises*, Paris Pavot,1923,675p.

UNESCO, Histoire *générale de l'Afrique, volVII, Vol VII,L'Afrique sous la domination Coloniale 1880- 1935,* UNESCO-NEA ,1977.

3-Ouvrages spécifiques

ANOUMA (RP),*Aux origines de la nation Ivoirienne 1893-1946*, Paris, l'Harmattan, 2005 Vol I, 283 p.; Vol II,655 p.

A M ON D'ABY (EJ),*les problèmes de la chefferie traditionnelle en Côte d'Ivoire*, Abidjan, NEA, 1988, 64 p.

BENOÎST (JRde),*Eglise et pouvoir colonial du SOUDAN Français; les relations entre administrateurs et missionnaires catholiques de la boucle du Niger de 1885à 1945*, Paris, Karthala, 1987,541 p.

BOUCHE (D), *L'enseignement dans les territoires français de l'Afrique occidentale de 1817à 1920*, 2T Paris, librairie HONORE Champion, 1975,947p.

BROU (H),*Commerce et société en Basse- Côte d'Ivoire de l'économie précoloniale à l'économie de marché*, Thèse de doctorat 3ème Cycle, Université de Paris VII,1982, 2T, 574 p.

CHERIF (M.),*L'ouest de la Côte d'Ivoire (Haut-Cavally) et la pénétration française. 1896-1920*,Lille, Université de LilleIII,1973, 2 volumes,459p.

COHEN (W.B),*Empereurs sans spectre. Histoire des administrateurs de la France d'Outre-Mer et de l'école coloniale*, Paris, Beyernlevrault, 1973,304p.

DESALMAND (P), *Histoire de l'éducation en Côte d'Ivoire des origines à la conférence de BRAZZAVILLE,* Abidjan, NEA, 1944,459 p.

DOMERGUE (CD),*Politique coloniale française et réalité coloniale, l'exemple de la santé : 1905-1958,* Université de Poitiers, 1984, 3 T, 1901 p, *La Côte d'Ivoire de 1912 à 1920, influence de la première guerre mondiale sur révolution politique, économique et sociale*, Toulouse, le Mirail, 1974, vol1 : 627p.vol 2 :266 p.

EKANZA(SP),*Colonisation et mission catholique en Côte d'Ivoire de 1895 à 1919*, Aix-en-Provence 1970, 159p.

GUIRAL (M), *La pénétration Française en pays ABBEY 1903-1911 et la révolte ABBEYS*, Paris, Université de Paris I, 1976,71 p.

GOURIHI TITIRO(M.), *L'organisation territoriale de la Côte d'Ivoire* de 1893*à nos jours*. Université de Strasbourg, 1980, 443p.

KAKE (IB),M'BOKOLO(E) (S/D), *Histoire générale de l'Afrique : L'Afrique coloniale de la conférence de BERLIN 1885) aux indépendances, 135 p. Les grands résistants : l'Afrique occidentale au 19eme et au 20^{ème}siècle, 111 p.,* Paris, ABC, 1978.

KIPRE(P),*les villes coloniales de Côte d'Ivoire: économie et société*, thèse d'Etat, Université de Paris, 3 t 1059 p.

, *Les villes de Côte d'Ivoire1893-1940*.Tome 1, Abidjan, NEA, 1985, 238p.

LOUCOU (J.N.).*La Côte d'Ivoire: la formation d'un peuple, FONTENAY-sous-bois* ,SIDES IMA, 2005, 292 p.

, *Côte d'Ivoire : Les résistances à la conquête coloniale*, Abidjan, Les Editions du CERAP, 2007,149p.

MAESTRI(E),*Le chemin de fer en Côte d'Ivoire: Historique, problèmes techniques, influences sociales, économiques et culturelles,* thèse de 3ème cycle, Université de Provence, 1976, 870 *p*.

N'GOLO (J),*Bingerville à l'époque des gouverneurs : 199-1934, Université nationale de Côte d'Ivoire, 1983, 263 p*.

SEMI BI ZAN, *La politique coloniale des travaux publics en Côte d'Ivoire: 1900-1940*,Université de Paris VII,*1973, 386 p*.

TOKPA (LJ),*La main d'œuvre indigène des exploitations agricoles et forestières privées de Côte d'Ivoirede 190Qà 1946,* 1992, 545 p.

YAYAT D'ALEPE (H),*Une économie coloniale de transition: la Côte d'Ivoire de 1893 à 1919*. Paris VII, 1979, 557 p.

ZINSOU (M.J.V),*L'administration française en Côte d'Ivoire 1890-1922*, AIX-en-Provence,1973, 448 pages

4- Articles et revues de journaux.

ANGOULVANT (G.L),« Le voyage du gouverneur général et du député Le HERISSE, délégué de la colonie en 1913.», *In Journal Officiel de la Côte d'Ivoire*, N° 24 du 31 Juillet1914 pp 47 à 60

BOCOUM (T.A.),« L'enseignement colonial de 1893 à 1920 » *in Fraternité Matin* du 7 au 8 mai 1977.N° 3751, p 16 ; 15- 16 mai 1977 N° 3757, p 1 0 ; 21-22mai 1977.

CHERIF(M.),« mentalités africaines et colonisation », *in Annales de l'Université d'Abidjan,* série I (Histoire),T.4, 1976, pp. 104-122.

DOMERGUE (C.), « Un gouverneur pas comme les autres ; Gabriel Angoulvant », *in Annales de l'Université d'Abidjan.* SérieI (Histoire), T.XI,1983, pp231 à 242.

FORLACROIX (C.), « Origine et formation de la Côte d'Ivoire», *in Annales de Université d'Abidjan* , Série I (Histoire),T I, pp 63 à 93.

ZAMBLE BI YOU (J.),« La résistance Gouro face à la pénétration coloniale française en Côte d'Ivoire(1907-1914)», *in Godo-Godo*, revue d'Histoire d'Art et d'Archéologie, n°15,2005, pp 61-80.

ZINSOU (J.V.),« L'or en côte d'Ivoire Coloniale de 1890 au milieu du XXème siècle, *in Annales de l'Université d'Abidjan,* série D, (lettres), 1979,T.2, pp. 9-25.

TABLES DES MATIERES

INTRODUCTION .... - 1 -
Première partie : LE CONTEXTE DE LA NOMINATION D'ANGOULVANT .... - 9 -
   CHAPITRE I : ANGOULVANT, UNE VOCATIONCOLONIALE.. - 11 -
      I.   LA FORMATION D'ANGOULVANT .... - 11 -
          1-   LE BRILLANT ELEVE DE L'ECOLE COLONIALE .... - 11 -
          2-   UNE EXPERIENCE PROFESSIONNELLE REMARQUABLE .... - 11 -
      II.   LA THEORIE D'ANGOULVANT .... - 13 -
          1-   LES PUBLICATIONS D'ANGOULVANT .... - 13 -
          2-   LA CONQUETE COLONIALE PAR LA MANIERE FORTE : UNE CONVICTION .... - 13 -
          3-   UNE IMAGE DESHUMANISANTE DE L'HOMME NOIR. .... - 15 -
   CHAPITRE II : L'ETAT DE LACOLONIE ET LARUPTURE POLITIQUE DECONQUETE AVEC ANGOULVANT 16
      I.   LA METHODE PACIFIQUE DE BINGER A NEBOUT : QUEL BILAN ?........................ 16
          1.   LES METHODES DE LA CONQUETE PACIFIQUE... 16
              1.1   Les traités et les coutumes... 16
              1.2   L'option militaire : Un moyen rare 18
          2.   UN BILAN MITIGE 19
              2.1   Une occupation territoriale encore précaire... 20
              2.2   Une mise en valeur à peine ébauchée 21
      II.   LE CHANGEMENT DE LA POLITIQUE DE CONQUETE A L'ARRIVEE D'ANGOULVANT.. 23
          1.   LA POURSUITE ET L'ACHEVEMENT DE LA CONQUETE POLITIQUE ET TERRITORIALE.. 23
          2- LES AMBITIONS ECONOMIQUES.. 24
Deuxième partie : L'ACTION D'ANGOULVANT EN CÔTE D'IVOIRE : 1908-1916 26
   CHAPITRE I: LA CONQUETE MILITAIRE 28
      I.   LA PÉRIODE DES « A C O U P S » : UNE INSUFFISANCE DES MOYENS D'ACTION (1908-1909).. 28
          1.   LA SOUMISSION DU CENTRE-EST ET DU SUD.. 29
              1.1-   La soumission du Centre Est 29
              1.2-   La soumission du Sud 31
          2.   LES REPRESAILLES PONCTUELLES CONTRE LES RESISTANCES DE L'OUEST ET DU CENTRE. 32
              2.1-   Les représailles contre les résistances de l'Ouest................................ 32
              2.2-   Les représailles contre les soulèvements du centre. 33
      II.   LA PERIODE DE L'ACTION VIVE OU L'EMPLOI DES COLONNES REPRESSIVES (1910-1911)   35
          1.   LA LIQUIDATION DE LA RESISTANCE DES ABBEY 36
          2.   LA LIQUIDATION DELA RESISTANCE DES BAOULE..................................... 37
      III.   LA PERIODE DES « TACHES D'HUILE » : UNE PHASE DE CONSOLIDATION (1911-1915) 39
          1.   LA FIN DES RESISTANCES DU CENTRE-OUEST... 40
          2.   LA FIN DES RESISTANCES DE L'OUEST 41
   CHAPITRE II : REALITE ET FAIBLESSE DES 43

	RESISTANCES ORGANISEES PAR LES POPULATIONS IVOIRIENNES	43
I.	LES FORMES DE RESISTANCE	43
1.	LES RESISTANCES MILITAIRES	43
2.	LES RESISTANCES ECONOMIQUES	44
3.	LES RESISTANCES SOCIOCULTURELLES	45
II.	LES FAIBLESSES DES RESISTANCES	46
1.	LES FAIBLESSES MILITAIRES	46
2.	LES FAIBLESSES POLITIQUES	47
3.	LES FAIBLESSES IDEOLOGIQUES	48
	CHAPITRE III : L'ACTION ECONOMIQUE D'ANGOULVANT	49
I.	L'AVENEMENT DE NOUVELLES METHODES ECONOMIQUES	49
1.	UNE EXTENSION DES CONTROLES	49
2.	LA PENETRATION ET LA DIFFUSION DE NOUVEAUX SIGNES MONETAIRES	50
3.	L'IMPOT DE CAPITATION	51
II.	LES INFRASTRUCTURES ECONOMIQUES	51
1.	LA CREATION DES MARCHES	51
2.	L'AMELIORATION DU RESEAU ROUTIER	52

Troisième partie : LE RESULTAT DE L'ACTION D'ANGOULVANT (1908-1916) **54**

	CHAPITRE I : LA CRISE MORALE OU LA RANÇON DE LA DEFAITE	56
I.	LA PACIFICATION : UNE OPERATION AUX DEPENSES ACCABLANTES	56
1.	PRINCIPE ET REALITE DE LA PRISE EN CHARGE	56
2.	LA CONTRIBUTION DES POPULATIONS	58
II.	LES DESTRUCTIONS MATERIELLES ET HUMAINES	63
1.	LES DESTRUCTIONS MATERIELLES	63
2.	LES MAUVAIS TRAITEMENTS ET LES PERTES HUMAINES	64
3.	LA DECAPITATION DE LA HIERARCHIE TRADITIONNELLE.	65
	CHAPITRE II : LE BILAN ECONOMIQUE, ADMINISTRATIF ET SOCIAL	68
I.	LA MISE EN VALEUR ECONOMIQUE	68
1.	UNE BALANCE COMMERCIALE DEFICITAIRE	68
2.	L'IMPACT DES INFRASTRUCTURES	- 72 -
	DE COMMUNICATION	- 72 -
II.	LE RESULTAT ADMINISTRATIF ET SOCIAL	- 72 -
1.	LES RESULTATS ADMINISTRATIFS	- 72 -
2.	LES PROGRES LIES A L'ENSEIGNEMENT	- 75 -
	CONCLUSION	- 76 -

TABLE DES ILLUSTRATIONS ......**- 79 -**
SOURCES ET BIBLIOGRAPHIE ......**- 80 -**
TABLES DES MATIERES **88**

Oui, je veux morebooks!

I want morebooks!

Buy your books fast and straightforward online - at one of the world's fastest growing online book stores! Environmentally sound due to Print-on-Demand technologies.

Buy your books online at
www.get-morebooks.com

Achetez vos livres en ligne, vite et bien, sur l'une des librairies en ligne les plus performantes au monde!
En protégeant nos ressources et notre environnement grâce à l'impression à la demande.

La librairie en ligne pour acheter plus vite
www.morebooks.fr

OmniScriptum Marketing DEU GmbH
Heinrich-Böcking-Str. 6-8
D - 66121 Saarbrücken
Telefax: +49 681 93 81 567-9

info@omniscriptum.com
www.omniscriptum.com

www.ingramcontent.com/pod-product-compliance
Lightning Source LLC
Chambersburg PA
CBHW020059020526
44112CB00031B/470